HÓA ĐƠN
CÔNG TY TNHH TM - DV CƠM
MINH ĐỨC®
Số:
ĐT: 028. 3839 2240
Tên khách hàng:
Địa chỉ:
TÊN HÀNG
SỐ LƯỢNG
ĐƠN GIÁ
THÀNH TIỀN
TỔNG CỘNG
BILL THANH TOÁN
BÀN 15
QUỲNH
323 Phạm Ngũ Lão, Quận 1
PROPAGANDA
21 Han Thuyen, Quận 1, Sài Gòn
Lotus tea
Omelette rolls
Banh mi Tofu
Net Total
Sub total
HOA TÚC
CONTEMPORARY VIETNAMESE CUISINE
74/7 Hai Bà Trưng, Quận 1
27/09/2019 -- 22:31
Price
Amount
SH GARDEN HỒ HUẤN NGHIỆP
PHIẾU IN TẠM TÍNH
CÔNG TY CỔ PHẦN VẬN TẢI HÀNG KHÔNG MIỀN NAM
SOUTHERN AIRPORT TRANSPORT JOINT STOCK COMPANY
1A Hong Ha Street, Ward 2, Tan Binh District, HCMC
SATSCO
HỢP ĐỒNG VẬN CHUYỂN HÀNH KHÁCH BẰNG Ô TÔ
SỐ: QT1 010123 /HĐVC.
BÊN A (THUÊ VẬN CHUYỂN):
BÊN B (BÊN VẬN CHUYỂN): CÔNG TY CỔ PHẦN VẬN TẢI HÀNG KHÔNG MIỀN NAM
Trụ sở: 1A Hồng Hà, P.2, Q. Tân Bình, TP.HCM
Điện thoại: 028.3848.5526
MST: 0310422869
ĐẠI DIỆN BÊN A
NHÂN VIÊN LÁI XE
Hotline: 1900 98 99 98
Email: booking@sats.com.vn | Website: www.satsco.com.vn
MST: 0310 422 869
Tax code: 0310 422 869
AN COM UONG NUOC
63/18 Pasteur, Phuong Ben Nghe, Quan 1
DON HANG
Payment Detail
Thank you! See you soon
PAID
JN064917

ホーチミンの

おいしい！がとまらない

ベトナム食べ歩きガイド

足立由美子★伊藤 忍★鈴木珠美

おいしい！がとまらない ホーチミンへようこそ

「今度ベトナムに行くんですけど、
現地のおいしいお店を教えてもらえませんか？」

私たちが普段、本当によく訊かれる質問です。
でも正直、困ってしまうことも少なくありません。
だって、おいしいお店はたくさんあって、
どのあたりで、どんな雰囲気で、どんな価格帯で、
どんな料理がその人の好みかといった条件を
ある程度、絞らないことには答えるのが難しいから。

その答えの代わりになるように、私たちの
「ホーチミンなら、この料理を、この店で食べてほしい！」
ばかりを集めたのが、本書です。
足繁く現地に通う私たちだからこそ
知っている穴場や新店もあれば、ガイドブックで
よく紹介されている有名店もありますが、
共通しているのは「私たちが何度も通っている」店であること。
そして、自分の足で食べ歩きできるよう、
1区を中心に範囲を限定しました。
ホーチミンで「おいしい！がとまらない」を
あなたもぜひ、体験してください。

Māimāi／ECODA HÈM店主
足立由美子

ベトナム料理研究家
伊藤 忍

kitchen.オーナーシェフ
鈴木珠美

Contents

Columns

コラム

Đường Đồng Khởi

ドンコイ通り周辺

レタントン通り周辺

ベンタイン市場周辺

Chợ Cũ

オールドマーケット周辺

Đường Phạm Ngũ Lão

ファングーラオ通り周辺

Chợ Lớn, Q.5-6

Thèm là có!
Nhanh khỏi lo
GrabFood

この本の使い方

歩ける範囲でエリア分け

ホーチミンの中心部である1区を5つのエリアに分けました。食べ歩きしながら1日かけてまわることができる、"歩ける範囲"で設定しています。エリアマップには、店から店へはしごする合間に立ち寄れる、おまけの情報も掲載しました。

料理名

食べてほしい料理を日本語とベトナム語で記載しました。ベトナム語の発音はなかなか難しいものがありますが、この本のベトナム語もしくは写真をお店で見せれば注文できます。

おすすめ時間帯

食べにいくおすすめの時間帯を、朝食、昼食、夕食、おやつまたは軽食と、4つに分けてあらわしています。

朝食 昼食 夕食 おやつ/軽食

店のジャンル

レストラン、食堂または専門店、屋台と、その店のスタイルをあらわしています。たとえばレストランとひと口にいってても価格帯はピンキリですが、お店に向かう心構えの目安となるよう設定しました。

レストラン 食堂/専門店 屋台

店舗情報

- 各店舗の情報は2020年2月時点のものです。ベトナムでは、営業時間が変更になることがよくあります。特に、屋台は時間どおりに営業していないことがあります。
- 定休日は、テト（旧正月）などの祝祭日を除いて記載しています。
- 料理の価格は2019年10月時点のものです。
- ベトナム語の料理名は、各店のメニュー表記に準じています。
- ベトナムのフロアの数え方は、日本でいうところの1階がG階、2階が1階、3階が2階です。たとえば、住所に「2F」と記載があれば、日本の感覚では3階ということになります。

タオディィエン地区（2区）
Thảo Điền, Q2
→ P.114-115
Rạch Thị Nghè
ティゲー川
Công Viên
Lê Văn Tám
レタントン通り周辺
Đường Lê Thánh Tôn
→ P.37-61
Hai Bà Trưng
ハイバーチュン通り
ドンコイ通り周辺
Đường Đồng Khởi
→ P.17-35
ベンタイン市場周辺
Chợ Bến Thành
→ P.63-77
ドンコイ通り
Đồng Khởi
Nhà Hát
Thành Phố
Hồ Chí Minh
Dinh Độc Lập
レタントン通り
Lê Thánh Tôn
Tôn Thất Đạm
トンタッダム通り
Chợ Bến
Thành
Sông Sài Gòn
サイゴン川
Bitexco
Financial
Tower
Phạm Ngũ Lão
ファングーラオ通り
オールドマーケット周辺
Chợ Cũ
→ P.79-91
ファングーラオ通り周辺
Đường Phạm Ngũ Lão
→ P.93-111
ベンゲー川
Rạch Bến Nghé
チョロン地区
（5区・6区）
Chợ Lớn, Q.5-6
→ P.116-121
Hồ Chí Minh

ベトナム基本情報

気候

日本のように、南北に長い国であるベトナムは、南部と北部で気候も食文化も異なります。ホーチミンのある南部は常夏で、通年30℃前後。乾季と雨季があります。

時差など

日本のマイナス2時間。日本からホーチミンへの飛行時間は約5.5〜6時間です。15日間以内の滞在はビザ不要。
※2020年2月現在

レート

10,000VND（ベトナムドン）＝47円。
※2020年2月現在
単位が大きくて混乱してしまいますが、日本円に換算するときはざっくりと、「0（ゼロ）をふたつ取って2で割る」と覚えておくといいでしょう。

ホーチミン

首都は北部のハノイですが、経済の中心地はホーチミン。近年は発展のスピードもすさまじく、年に何度もホーチミンへ赴く著者も訪れるたびに変化を感じるほど。近いうちに開通予定の地下鉄も、さらに大きな変化を街にもたらすでしょう。

HÚN 141 CÔ GIANG

ベトナム料理、その手はじめ

白いごはんにおかず、それにスープが毎日のごはん。出汁をとる、コクを大事にする。
肉も魚も、野菜も豊富。あら? なんだか和食と似ています。
食べ歩きをより楽しむ手助けに、まずは基本をおさえておきましょう。

＼ クサうまの“マム”！ ／

“マム”は豊富に採れる魚介でつくられます。代表的なのがいわしの“ヌックマム”。日本では醤油にあたる主要調味料で、これなしにベトナム料理は語れません。

＼ 野菜がてんこ盛り！ ／

ライスペーパーで料理と一緒に巻いて、麺類に生野菜を添えて、白いごはんを食べる際にはたっぷり野菜のスープやゆで野菜、炒め野菜など、ベトナム人は本当によく野菜を食べます。

＼ 肉や魚介もボリュームたっぷり！ ／

ベトナム料理と聞くと、「野菜が多く、さっぱり軽くてヘルシー」というイメージをもっている人も多いのですが、じつは肉や魚介もかなりしっかり食べています。要するに、よく食べる！

＼ しみじみおいしい出汁 ／

和食と同様に“出汁”を大切にします。たとえば出汁をとる“カイン（canh）”とは、毎日食べる白ごはんのお供にするスープのこと。立ち位置としては、日本の味噌汁のようですね。

＼ 5つの味と2つの香り ／

なるべく多くの味覚と豊かな香りをひと皿に盛り込みます。味は甘、塩、酸、辛、そしてコク。それに、食材自体の芳香と、調理加工によって引き出した香ばしさという2種類の香りを重要視します。

＼ 中国とフランスの影響 ／

中国からは茶碗や箸を使うなど食べ方を、フランスからはパンやコーヒー、バターやチーズなど食材を。ベトナムの食文化は、かつて支配を受けた国の文化から大きく影響を受けています。

ホーチミン（南部）のごはんって？

＼ 甘いの大好き！ ／

1年中暑い気候も関係して、南部人はとにかく甘いものが大好き。料理にはしっかりと甘みを効かせ、その分ほかの調味料もしっかりと使ったメリハリのある味つけ。チェー（スイーツ）やドリンク類なども甘味が強めです。

＼ なんでも大盤振る舞い！ ／

料理にえびと豚肉が同居していたり、ハーブがどーんと山盛りで出てきたり。食材が豊富に採れる地域だから、とにかくなんでもたっぷりと、惜しみなく提供されます。

＼ 華人経営の飲食店 ／

ホーチミンがまだサイゴンと呼ばれていたフランス統治時代から、この街には多くの華人が移り住み商売をしていました。路面店での飲食業も彼らが始めた商売のひとつ。そのころから続く老舗店も少なくありません。

＼ 豊富な南国食材 ／

トマト、なす、瓜など、日本でいうところの夏野菜や、ココナッツ、トロピカルフルーツなどいわゆる南国食材が豊富。フルーツは料理にも積極的に使われます。

食べ歩き、基本的心得

ホーチミンでの食べ歩きに際して知っておくときっと役立つ、
レストランや食堂での基本的な要領や注意事項を解説します。

メニューはこう読む

見慣れていないとなかなかとっつきにくいベトナム語ですが、料理表記の基本はふたつ。覚えておけば、字面で料理を想像できるかも。なお、レストランには英語メニューがある店も少なくありません。

● 料理名＋食材
たとえば……
Canh Khổ Qua（ゴーヤのスープ）
＝Canh（スープ）＋Khổ Qua（ゴーヤ）

● 食材＋調理法
たとえば……
Cá Lóc Kho（雷魚の煮つけ）
＝Cá Lóc（雷魚）＋Kho（煮込む）

テーブルの上のものは有料

客席のテーブルにあらかじめセットされている、調味料やカトラリー以外は有料です。お手拭き、フルーツやプリンなどのデザート、華人系の麺の店ではミートパイ（P.81、P.82）が置いてあることも。不要であれば、手をつけなければOK。

自分で味を完成させよう

ベトナムの飲食店のテーブルには、ヌックマム、唐辛子、ライム、こしょうなど、何かしらの調味料が必ず置いてあります。それは、各自の好みで味を調節できるようにするためなのです。料理にタレが添えられてくることも多々あります。

お茶碗ひとつでなんでも食べよう

白いごはんに、おかずとスープ。ベトナムの家庭料理は、これらすべてをひとつのお茶碗で食べます。取り皿やお椀も兼ねるのです。おかずをのっけて一緒に。スープをかけて、ぶっかけで。ごはんをよそったお茶碗が、ホームベースです。

BAP XAO TRUNG
VIFON

おいしい！に役立つベトナムの言葉

ローカルの食堂や屋台では、英語が通じないことも。
そんなときに知っていると便利なベトナムの単語。北部と南部では綴りや発音が異なりますが、
ここで紹介しているのはホーチミン（南部）の言葉です。

味

- おいしい　ngon　ゴーン
- 甘い　ngọt　ゴッ
- 辛い　cay　カイ
- 酸っぱい　chua　チュア
- しょっぱい　mặn　マン
- 苦い　đắng　ダン

カトラリーなど

- 箸　đũa　ドゥア
- スプーン　muỗng　ムオン
- フォーク　nĩa　ニア
- ナイフ　dao　ヤオ
- コップ　ly　リー
- 茶碗　chén　チェン
- メニュー　menu　メヌ／thực đơn　トゥック ドン

調味料など

- 塩　muối　ムォイ
- こしょう　tiêu　ティウ
- 砂糖　đường　ドゥーン
- 酢　giấm　ヤーム
- ヌックマム　nước mắm ヌックマム
- チリソース　tương ớt　トゥーン オッ
- ライム　chanh　チャイン
- パクチー　ngò rí　ゴーリー
- 唐辛子　ớt　オット
- 氷　đá　ダー

注文など

- ありがとう　Cám ơn　カム オン
- いくらですか　Bao nhiêu tiền?　バオ ニュー ティェン
- 会計　tính tiền　ティン ティエン
- 領収書　hóa đơn　ホア ドン
- ～をください　Cho tôi～　チョー トイ
- ～を少なくして　Cho ít～　チョー イッ
- ～を多くして　Cho nhiều～　チョー ニィウ
- ～を入れないで　Đừng cho～　ドゥン チョー
- ～は、いりません　Không cần～　ホン カン
- ～は、まだですか　Chưa có ～a?　チュア コー ～ ア
- これは注文していません　Món này tôi không có gọi　モン ナイ トイ ホン コー ゴイ
- お釣りをください　Xin thối lại tiền cho tôi　シン トーイ ライ ティン チョー トイ

Đường Đồng Khởi

ドンコイ通り周辺

レストランや各国料理店など、観光客向けの店が数多くある目抜き通り。中央郵便局やホーチミン人民委員会庁舎など、フランス統治時代のコロニアル建築も点在しています。

HOÀNG YẾN ホアン イエン

紫やまいもとたたきえびのスープ
Canh Khoai Mỡ Tôm

豚肉のココナッツジュース煮
Thịt Kho Nước Dừa

はまぐりとディルのスープ
Canh Nghêu Thì Là

食欲をそそるきれいな色も魅力的な紫やまいものスープは大好物です。汁かけごはんにして食べるのはベトナムでは普通。日本では行儀が悪いとされていることが大手を振ってできちゃうのは愉快だし、そうやって食べるとやっぱりおいしい！のです。

ADACHI

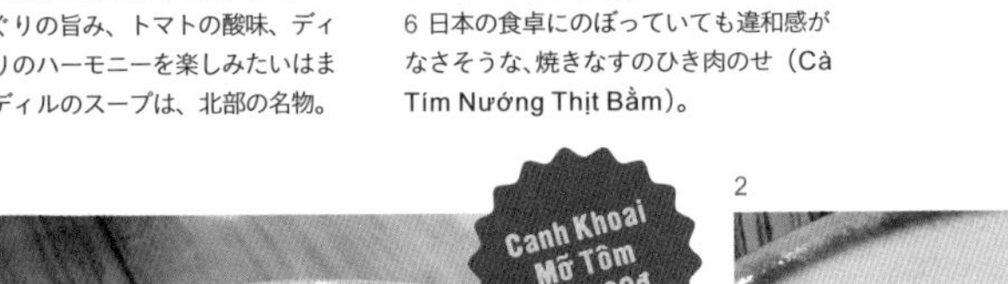

1 南部の定番料理、紫やまいものスープ。豚のスープにすったやまいもを溶かし、たたいたえびを入れて煮る。
2 豚肉のココナッツジュース煮は食堂によくあるメニューながら、この店のはトロトロの食感でとびきりのおいしさ。
3 はまぐりの旨み、トマトの酸味、ディルの香りのハーモニーを楽しみたいはまぐりとディルのスープは、北部の名物。
4 お酒のつまみにもぴったり、見た目もかわいい魚のすり身とおこげの揚げ物（Chả Cá Cơm Cháy）。
5 南部では年間通じて花がよく食べられる。かぼちゃの花のにんにく炒め（Bông Bí Xào Tỏi）は定番。
6 日本の食卓にのぼっていても違和感がなさそうな、焼きなすのひき肉のせ（Cà Tím Nướng Thịt Bằm）。

1

2

4

5

6

ホーチミンに住んでいた20年前に現地の友人が教えてくれた人気店。このエリアのレストランは外国人客ばかりだったのに対して、この店にはベトナム人のお客さんしかいませんでした。いまでは多店舗展開しています。おもてなし料理もメニューにはあるけれど、いちばん食べてほしいのは家庭料理のおかず。なかでも名物の豚肉のココナッツジュース煮は絶対にはずせない！ じっくり煮込んだ豚もも肉は箸でほぐれるほどやわらか。それでいてあっさりめな煮汁で、ごはんにかけてサラサラ……と、とまりません。

ITO

ベトナムの家庭料理が食べたいけれどローカルな食堂はちょっとハードルが高い、という人でも安心。メニューがとても多いけれど写真つきなのでわかりやすいのもストレスフリー。ひと皿にボリュームがあるので、数人で行ってシェアして食べるのがおすすめです。

SUZUKI

3

Canh Nghêu Thì Là 125,000đ

HOÀNG YẾN ホアン イエン

MAP	P.34 ❶
住所	7-9 Ngô Đức Kế, Q.1
電話	028 3823 1101
営業時間	10:00～22:00

HƯƠNG LÀI フーン ライ

揚げ豆腐の肉詰めトマトソース

Đậu Hũ Dồn Thịt

1

Đậu Hũ Dồn Thịt
98,000đ

2

1 中国、フランス、はたまた日本も想起させるムードの、揚げ豆腐の肉詰めトマトソースはおふくろの味。
2 スープや卵焼きなど、ほっとする味わいのおかず各種。セットがあるのでおひとりさまでも大丈夫。

HƯƠNG LÀI フーン ライ

MAP	P.34 ❷
住所	38 Lý Tự Trọng, Q.1
電話	028 3822 6814 098 626 4854（日本語可）
営業時間	11:30～14:00、 18:00～21:00

おいしい家庭料理を出すだけでなく、社会的に恵まれない若者たちをサポートするというこの店のコンセプトに共感しています。この店のスタッフになることが、若者たちの自立を促すステップになっているのです。そんな彼らのちょうどいいサービスにとても好感をもちます。"気にならない"というのが究極のおもてなしではないかと思っている私にとって、この店のサービスは満点。ゆっくり過ごせるので、ベトナムに到着したその日に行って、まずは落ち着くというのがパターン。ビールは1～2種類しか置いていない店が多いなかベトナムのビールのみを多数揃えているのも、私の店と同じくフォーがメニューにない家庭料理へのこだわりも、高ポイント！

フランスや中国の影響を受けているベトナムには肉詰め料理が多くあります。そんななかでも特に定番なのが揚げ豆腐の肉詰めトマトソース。定番料理だけに、店によってその姿はさまざまです。この店では揚げ豆腐をさらにしっかり揚げて豆腐の水分を抜き、トマトソースをよく染み込ませていて、白いごはんとすばらしくよく合います。

THANH NIÊN タン ニエン

牛肉のお酢しゃぶしゃぶ
Bò Nhúng Giấm
鶏のたき込みごはんレモングラス風味
Cơm Tay Cầm

しゃぶしゃぶには生野菜に加えて、バジルなどの香草、青バナナやスターフルーツの薄切りが添えられてきます。それらをライスペーパーで巻いて食べれば、いろんな味と食感が一度に楽しめる——まさにベトナム料理の醍醐味のひとつです。

1

2

3

4

1 ごくごく飲めるくらいのおいしいスープにしゃぶしゃぶするベトナムスタイルをぜひ体験して。
2 千切りキャベツがたっぷり、さわやかな味わいの鶏とキャベツのサラダ（Gỏi Gà Bắp Cải）。
3 えびのカインチュア（Canh Chua Thơm Tôm）。カインチュアは酸っぱいスープという意味。
4 土鍋についたおこげは争奪戦!？ 鶏のたき込みごはんは、インディカ米とレモングラスのおかげでさっぱり食べられる。

THANH NIÊN タン ニエン

MAP | P.34 ❸
住所 | 11 Nguyễn Văn Chiêm, Q.1
電話 | 028 3822 5909
営業時間 | 7:00〜22:00

SUZUKI

牛肉のお酢しゃぶしゃぶは南部の郷土料理で、現地の料理教室ではよく登場するのに、レストランでは意外にお目にかかりません。オープンエアのテラス席か冷房の効いた部屋かをチョイスできるので、暑いときには冷房席を確保して。

淡い酸味のお酢とココナッツジュース、炒めたレモングラスで風味をつけたスープに、赤身の牛肉をさっとくぐらせて。ライスペーパーに野菜などと一緒に巻いたら、独特の発酵臭のマムネムのタレをつけていただきます。肉の旨みと相反する風味、酸味、渋味、甘味、さわやかさ、臭みをひとつにまとめて口のなかで味わい、肉の味をより引き立たせるのがベトナム人の食べ方。インディカ米のぱらりとした食感とレモングラスのさわやかな風味があとを引く鶏の炊き込みごはんは、土鍋にできたおこげもまたおいしい。

ITO

1

PROPAGANDA プロパガンダ

玄米のサラダ
Brown Rice Salad

SUZUKI

ベジタリアンメニューが充実しています。なかでも私のいち推しは、玄米を使った料理。玄米のサラダには、玄米、コーン、ひまわりの種、ミント、枝豆、うずらの卵、ドライトマト、それからクワイのようにしゃきしゃきしたヤシの芽がバランスよく入っています。健康志向で玄米を食べるベトナム人が少しずつ増えてきているなか、おしゃれにバランスよく玄米を取り入れているこうしたレストランは、自分の料理にもおおいに参考になっています。子連れで行くと塗り絵セットなどを出してくれるので、その点でも助かる店。ホーチミンの髙島屋（P.90）にも支店があり、そちらはデパ地下のフードコートのような小ぶりなスペースで、カジュアルに食べられますよ。

店内の壁一面に描かれたプロパガンダアートが印象的。HOA TÚC（P.38）やCHỊ HOA（P.44）と同じグループの店です。現在のように大流行する前からクラフトビールが飲めたので、昼間からよく行っていました。クラフトビールと一緒につまみたいのは、ベジの生春巻き。自分の店でも生春巻き仕立てのサラダを提供することが多いので、新しい感覚のいろんな種類の生春巻きには親近感を感じてしまう。バインミーもそうですが、ベジでよくこんなに満足感のある味を出せるものだと感心します。

ADACHI

1 サラダや麺、デザートまで、いろいろなスタイルで米を本当によく食べるベトナムの人たちの間で、玄米は徐々に普及してきている。
2 ベジでも濃厚な味で満足感たっぷり、豆腐とトマトソースのベジタリアンバインミー（Bánh Mì Đậu Hũ）。
3 ボリューミーでもおなかは重くならない玄米＋アボカド＋卵の生春巻き（Gỏi Cuốn Trứng）はいろいろな食感が楽しい。

PROPAGANDA プロパガンダ

MAP	**P.34** ❹
住所	21 Hàn Thuyên, Q.1
電話	028 3822 9048
営業時間	7:30〜23:00

SH GARDEN SH ガーデン

ザボンのサラダ
Gỏi Bưởi

料理ごとに異なる飾りつけがきれいで、テーブルにお皿が運ばれてくるたびに気分が上がります。ザボンは、一般的にはえびやするめなどをそれぞれ合わせることが多いのですが、ここではその両方がぜいたくに入っています。ザボン、えび、するめ、ミント、ヌックマムと、一見イメージしにくい組み合わせですが、驚くほど相性がいいのです。

ITO

1

Gỏi Bưởi
275,000đ

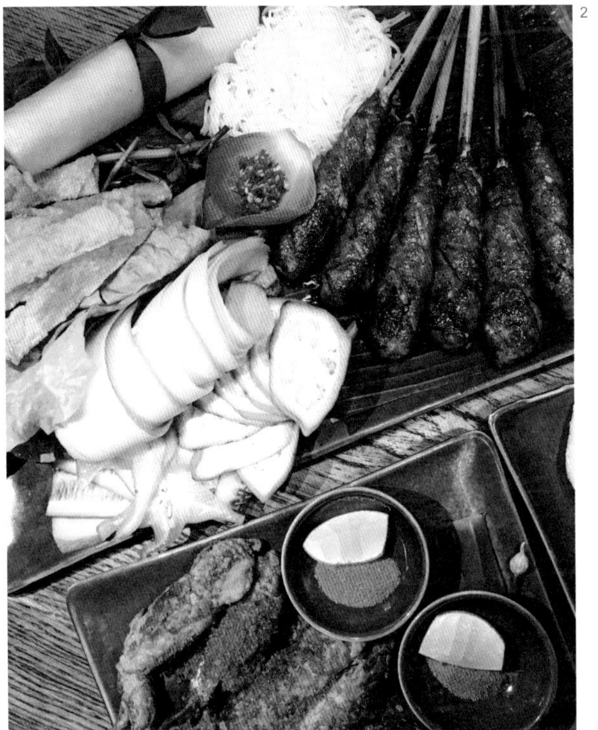

2

SH GARDEN SH ガーデン

MAP | P.34 ❺
住所 | 26 Đồng Khởi, Q.1
電話 | 028 6685 3322
営業時間 | 10:00〜23:00

1 ザボンを丸ごとくり抜いた器がおしゃれ。つけ合わせのえびせんにサラダをのっければ違う食感がさらに加わる。
2 ニャチャン風つくね焼き（Cuốn Nem Lụi Nha Trang）と子持ちいかのぴり辛炒め（Mực trứng rang muối cay）。

ベトナム全土の料理が開放的な空間で気持ちよく楽しめるレストラン。ニャチャン風のつくね焼きは、生野菜やハーブと一緒にライスペーパーで挟み、串をスッと抜いて、タレをつけていただきます。ニャチャンは、中南部にあるビーチリゾートです。

リゾートにいるような気分にさせてくれる店の雰囲気と料理のプレゼンテーションが◎。客席をゆったり広くとっていて、ゆっくりと食事のひとときを過ごせます。ザボンのサラダはレストランの定番メニューで、暑い国ならではのさわやかなひと皿。たいがいシーフードと合わせます。グレープフルーツなどと違って、ザボンってひと粒ひと粒のなかに果汁が詰まっているでしょう？　だから口のなかに入れて噛むとプチッと果汁が出てきて、そのときに初めて調味料やほかの具材と混ざり合う。それがおいしく感じる秘密なのかなと思います。この店の料理はひと皿のポーションが全体的に大きめなので、何人かで行くのがおすすめです。

RO22 RO22

牛フォー味のバインミー
Bánh Mì Phở

その名のとおり、フォーの味がするバインミーという、なんとも不思議な食べ物です。麺こそ入っていないけれど、フォーに使う食材を使って限りなくフォーに近づけています。フォーのスープにさっとくぐらせた牛肉、生のハーブやタレを、こしょうを効かせたバンズに挟んで。箸を使わず、片手でフォーが食べられるというおもしろさ。それにしても、先入観なく新しい食べ物を開発してしまう、ベトナムの人たちのこういうところがたまらない。ほかにもいろいろな店が違うアプローチでフォーバーガーをつくっています。フォー風味のカクテル（P.88）やクラフトビールなども、いまベトナムで流行中。

ドリンクとのセット販売。紅茶に桃のエキスや果実が入ったピーチティが、ベトナムで流行っている。

Drink Set
59,000đ

RO22 RO22

MAP	P.34 ⑥
住所	6 Phạm Ngọc Thạch, Q.3
電話	028 3521 0247
営業時間	7:00〜22:00

BÚN THỊT NƯỚNG BÀ THÊM ブン ティット ヌン バー テム

ブンティットヌン（焼肉と揚げ春巻きのせあえ麺）
Bún Thịt Nướng

BÚN THỊT NƯỚNG BÀ THÊM
ブン ティット ヌン バー テム

MAP	**P.34 ❼**
住所	Hẻm 88 Nguyễn Huệ (151 Đồng Khởi), Q.1
電話	028 3823 1284
営業時間	9:00〜16:00ごろ（売切じまい）

ブンティットヌンは、南部の超定番料理。オプションで揚げ春巻きをトッピングするのもまた定番。

SUZUKI

炭火焼きの豚肉を、米麺のブンと甘酸っぱいタレ、ヌックチャムと一緒にサラダ感覚でさっぱり食べられるのが、ブンティットヌンのおいしさだと思います。昼どきは近隣のオフィスワーカーですぐ満席になる人気店で、料理がなくなり次第閉店という潔さ。揚げ春巻きや肉を焼いているおばちゃんの作業を間近で見られるので、自分の店の参考に、仕込みの勉強もできてしまうおまけつきです。ドンコイ通りとグエンフエ通りの両方からアクセスできますが、路地奥の非常にわかりづらいところに店があります。店といっても半分屋外というか軒下というか、そこは路地なのです。猫もいるし。

HỒ CON RÙA, CÔNG TRƯỜNG QUỐC TẾ, Q.3

亀湖公園はストリートフードが大集合！

車やバイクをやり過ごし、ロータリーの中心部分へ。そこは亀湖公園、市民憩いの場。ベトナムで流行中のストリートフードが一堂に会す、まるでオープンエアのフードコートです。

野菜や練り物など、好きな食材を選んでその場で揚げてもらう、カービエンチン（串揚げ）いろいろ。

夕方から夜にかけて屋台の数が増えていく。暗くならないうちに目当てのフードを探して。

バップサオ（とうもろこしとあみえびの炒め物）を売るおばさんは親切で、味見させてくれた。

ここ数年で流行中の、ライスペーパーの新しい食べ方のひとつ、バインチャンチョン（あえライスペーパー）。

そこここに散らばっているプラスチック椅子に、適当に腰掛けて食べてOKな大らかさ。

ここに来ればすべてある！
が醍醐味です。

仕切りのある小さな鉄鍋で調理する様子も目が離せない、バインチュンヌン（うずらの焼き卵）。

亀湖公園

MAP｜P.34 ⑧
住所｜Đường Phạm Ngọc Thạch, Q.3
営業時間｜午後～夜

いま流行りのストリートフードがよりどりみどり！

甘いやら辛いやら、マンゴーのおいしさが際立つソアイラック（シャカシャカ青マンゴー唐辛子砂糖あえ）。

多彩な具材を巻いてから食べやすくカットしてくれるバインチャンクォン（巻きライスペーパー）。

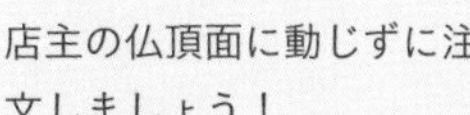

店主の仏頂面に動じずに注文しましょう！

SUZUKI

炭火の上で焼き、半分に折って。パリパリなクレープみたいなバインチャンヌン（焼きライスペーパー）。

街中にもそれぞれの屋台はあるが、ここにはおよそすべての種類のストリートフードが揃っている。

ピーチティ、ピーチ＆ライチティ、金柑ココナッツジュース。デフォルトが大量の砂糖入りなので要注意。

SATRAMART

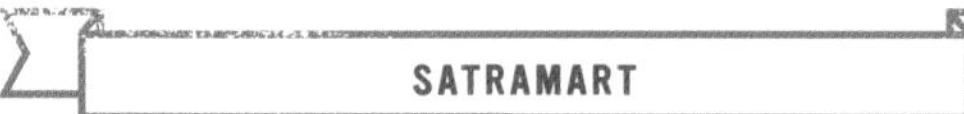

SATRAMART（サトラマート）で買い物対決！

おみやげ探しに便利なスーパーSATRAMARTで、上限金額500,000VND（約2,500円）、制限時間20分の条件で買い物すると、それぞれどんな収穫物になる?

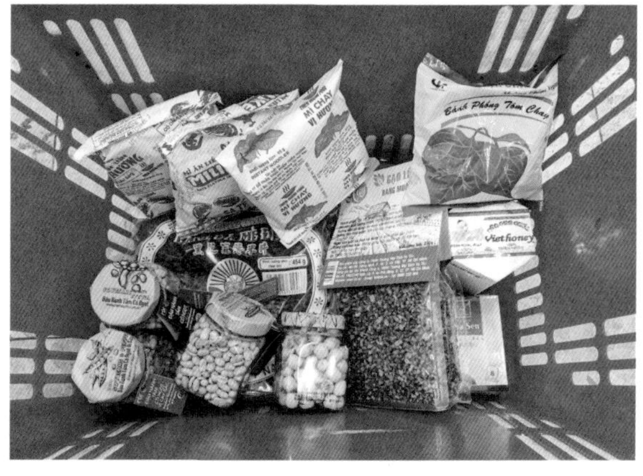

SATRAMART サトラマート

MAP　**P.34 9**
住所　69 Đồng Khởi, Q.1（LUCKY PLAZA内）
電話　028 3838 6625
028 3914 4910
営業時間　9:00〜22:00

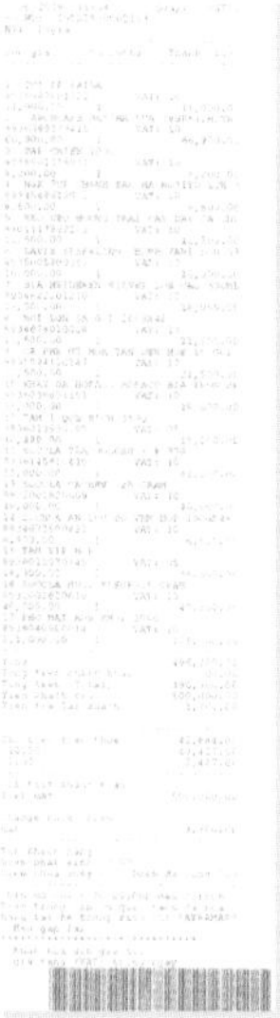

パッケージもかわいい良質食品。

店および自宅用に、ブラウンライスパフ、インスタント麺、フレーバーつき炒り大豆、黒ごま入りライスペーパー、ベジせんべい、はす茶。肌のお手入れに使うベトナム産の100%天然のローヤルゼリークリームはマストアイテム。しめて496,399VND（レジで会計して上限に達する前にストップかける作戦で、上限金額にニアピン）。

Tổng Tiền 496,399đ

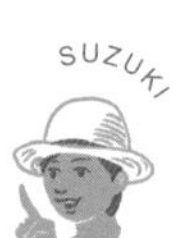

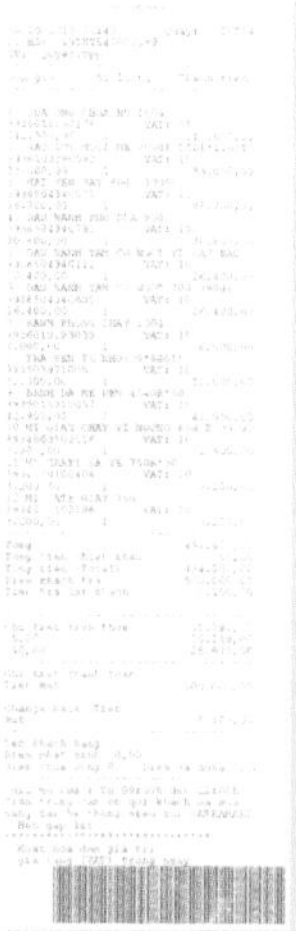

必ずおいしいお菓子とキッチンツール。

ITO

生姜飴、ココナッツクッキー、ドライマンゴー、マンゴスチンケーキはおみやげに。ココナッツオイル、レモングラスバームは滞在中に使う用。ココナッツカラメル、スポンジ、マドラー、ココナッツの木べらは常備用。しめて506,900VND（計算に計算を重ねて金額を合わせにいったのにちょっとオーバー、惜しい！）。

新しい商品をチェック&トライ。

おみやげのグミとチョコレート、夫が好きなインスタントコーヒー。店で使うつまようじ、自宅用には米粉マカロニ、ビールジョッキ用製氷皿。新商品をつねにチェックする変わり種の缶入り飲料、ヨーグルト。ホテルの部屋飲み用三つ編みスモークチーズ。しめて494,900VND（なんとなくの感覚で上限金額になんとなくぴったり）。

Đường Đồng Khởi

ドンコイ通り周辺

1. **HOÀNG YẾN** → P.18
2. **HƯƠNG LÀI** → P.20
3. **THANH NIÊN** → P.22
4. **PROPAGANDA** → P.24
5. **SH GARDEN** → P.26
6. **RO22** → P.28
7. **BÚN THỊT NƯỚNG BÀ THÊM** → P.29
8. **亀湖公園** → P.30
9. **SATRAMART** → P.32

a AU PARC SAIGON
フレンチ＆モロカンスタイルのレストラン。
23 Hàn Thuyên, Q.1
028 3829 2772
7:30〜22:30

b GARTENSTADT RESTAURANT
ハッピーアワーにドイツの生ビールとソーセージを。
34-36 Đồng Khởi, Q.1 028 3822 3623 10:30〜24:00

c ARTBOOK
洋書専門店でイケてる料理本をチェック。
43 Đồng Khởi, Q.1 028 3822 0838 9:00〜20:00

d NHÀ SÁCH NGUYỄN HUỆ
文房具売り場も充実した大型書店。階上にもお店いろいろ。
40 Nguyễn Huệ, Q.1 028 3822 5796 8:00〜22:00

e ĐƯỜNG SÁCH TP. HỒ CHÍ MINH
小さな書店が道の両側に並ぶ"本屋通り"はデートスポットでもある。
Đường Nguyễn Văn Bình, Q.1 8:00〜21:30

f ダンボール店
品物に合わせてサイズを調整する技はみごと。そこで梱包してもらった荷物はそのまま向かいの郵便局から発送もできる。
53 D/E/F Nguyễn Du, Q.1

g CỘNG CÀ PHÊ
古きよきハノイを彷彿させるハノイ発祥のおしゃれカフェ。
2 Mạc Thị Bưởi Q.1
091 181 1163 7:00〜23:00

h-1 DIM TU TAC
大人数なら北京ダックを！ 朝の飲茶も◎。55 Đông Du, Q.1
028 3826 6668 10:00（日祝9:00）〜22:00

h-2 NGÂN ĐÌNH SAIGON
テイクアウトもできる本格中華。52-54-56 Đồng Khởi, Q.1
028 3982 6688 10:00〜21:00

h-3 GRAIN COOKING STUDIO
ルーク・グェンシェフ監修の料理教室。3F, 71-75 Hai Bà Trưng, Q.1 028 3827 4929 9:00〜17:00

BOOK
BO
Bưu Điện Trung Tâm
e
f
Hai Bà Trưng
ハイバーチュン通り
2
Nhà Hát Thành Phố
Hồ Chí Minh
h-3
Đồng Khởi
ドンコイ通り
Lê Thánh Tôn
レタントン通り
g
CAY
h-1
7
XOÀI LẮC
20K
h-2
b
9
5
d
1
c
MAJESTIC
Hotel Majestic

旅のお供のマストアイテム

旅先のベトナム、特にホーチミンで必ず役に立つアイテムたち。
スーツケースに忘れずに入れておきましょう。

＼ キッチンばさみ ／

バインミーをみんなでシェアするときにとても便利。ひとつ食べたらおなかいっぱいになってしまうところ、仲間とシェアすれば、いろんな種類を食べられます。はさみは機内持ち込み禁止のため、受託手荷物にすることを忘れずに。

＼ ジッパーバッグ ／

ビンタイ（P.120）など卸売の市場では、個人には多すぎる単位で商品が売られています。ジッパーバッグがあれば、お菓子や日用品といったこまごましたものを買って仲間とシェアできます。むき出しのバインミーを持ち帰るときにも！

＼ ウエットティッシュ ／

ベトナムの店は、おしぼりが有料のことが多いのです。また店によっては、テーブルに置いてある箸やカトラリーを拭いたほうがいいことも。バインミーを切ったはさみも拭けますしね。

＼ のど飴とマスク ／

交通量が非常に多いホーチミンは、胸いっぱいに吸い込みたくなるいい空気……ではありません。プロポリスやローヤルゼリー入りならなおいいのど飴と、マスクは現地調達もあり（P.62）。

Đường Lê Thánh Tôn

レタントン通り周辺

新しいタイプのレストランやショップが多く集まっているおしゃれエリア。フォトジェニックなピンク色のタンディン教会もこの界隈に。また、リトルトーキョーと呼ばれる日本人街もあります。

HOA TÚC ホア トゥック

からし菜巻き（ホアトゥックスタイル）
Cuốn Diếp Hoa Túc
ソフトシェルクラブの青米衣フライ パッションフルーツソース
Cua Lột Chiên Cốm

1

2

3

モダンなベトナミーズキュイジーヌはいまでこそいろいろありますが、ここはそのはしりの店。私は凝ったソースにいつも唸らされます。アヘン工場跡地の雰囲気が味わえるテラス席がお気に入り。ケシの花（HOA TÚC）という店名もナイス。

4

5

1 えびと豚肉を巻くのが一般的なこの料理、ここではほかにもいかや野菜も使われている。プレゼンも華やか。
2 パリパリの茶葉がアクセント、えびと茶葉の揚げ物 ピーナッツと香味野菜添え（Tôm Rang Lá Trà Tỏi Gừng)。
3 生野菜どっさりはいかにも南部。自家製揚げ卵豆腐、ほうれん草とかぼちゃの種のサラダ（Gỏi Bó Xôi Non)。
4 ソフトシェルクラブの青米衣フライ。青米とは未熟の青いもち米で、ベトナムでは料理やおやつに使われる。
5 オレンジと合わせる肉はあひるが定番だけれど、牛肉のオレンジ煮（Bò Hầm Cam）は目新しい。

HOA TÚC ホア トゥック

MAP	P.60 ❶
住所	74 Hai Bà Trưng, Q.1
電話	028 3825 1676
営業時間	11:00〜22:00

オープン当初から“No MSG（うま味調味料不使用）”を謳っています。定番のベトナム料理も、この店にかかるとおしゃれに変身。さらにはオリジナルの創作料理にユニークなものがいっぱい。新しい種類や流行りの素材を取り入れるのも上手で、盛りつけも美しい。

ホーチミンでおいしいレストランが知りたいと尋ねられたら必ず推薦しています。何を頼んでもおいしくてはずれがなく、日本語メニューもあって安心、サービスも◎。オリジナリティがあって味のセンスも盛りつけもよく、ほかではお目にかかれない料理に出会えるという点で私自身も勉強になっています。えびと茶葉、魚介とパッションフルーツ、牛肉とオレンジなどなど、素材の組み合わせも新鮮。店の上のフロアでは料理教室をやっていて、こちらは英語のレッスンで、おすすめです。

建築家のオーナーのこだわりが詰まったレストランで、サイゴンの古きよき時代が感じられるビンテージもののインテリアが置かれた空間。まるでアンティークショップで食事している気分。開店当時、ドリンクのストローが空心菜だったのにはシビれました！

1

2

3

CỤC GẠCH QUÁN クック ガック クアン

えびとスターフルーツの煮物
Tôm Kho Khế

揚げ卵豆腐のカリカリレモングラスのせ
Đậu Hũ Trứng Chiên Sả Ớt

ITO

ぶ厚いメニューブックに載っている多彩なメニューのなかでも、ごはんのおかず、特にえびとスターフルーツの煮物がお気に入り。未熟の青いスターフルーツの酸味と渋味を調味料として使い、えびの旨みと甘辛い味つけにメリハリを添えています。南部の定番おかず、揚げ豆腐のカリカリレモングラスのせは、豆腐とレモングラスという一見合わなさそうな食材同士を油が橋渡しして、みごとなひと皿に仕上がっています。外はカリカリ、なかはふっくらなめらかな食感が楽しめます。著名人も訪れる予約必須の人気店。

カトラリー入れに粉ミルクの空き缶を使ったり、あえて欠けのあるソンベー焼きで料理を提供したりと、他店が真似する流行発信地。つくりのおもしろい建物も内装も必見。通された客席以外の内装やトイレもぜひチェックを。CỤC GẠCH CAFEという姉妹店もあります。

ADACHI

5

4

1 スターフルーツを料理に使うのはベトナムならでは。スープの酸味づけなどにも使われる。
2 滋養たっぷりの、クレソンとたたきえびのスープ（Canh Xà Lách Xoong Tôm Bằm）。
3 ディエンディエンの花とえびの炒め物（Bông Điên Điển Xào Tôm）。花の黄色とえびの赤が映える。
4 自家製の卵豆腐に、おかかのようにふんわりとした揚げレモングラスをたっぷりと。
5 近年は日本でも見かけるようになった食感のよいシカクマメのにんにく炒め（Đậu Rồng Xào Tỏi）。

CỤC GẠCH QUÁN クック ガック クアン

MAP	P.60 ❷
住所	10 Đặng Tất, Q.1
電話	028 3848 0144
営業時間	9:00〜23:00

QUÁN BỤI BISTRO クアン ブイ ビストロ

春巻きプレート

Khai Vị Quán Bụi

Khai Vị Quán Bụi 189,000đ

1

1 4種の春巻きに、スコッチエッグとそのときどきで変わるサラダがついた、フォトジェニックな春巻きプレート。
2 鶏皮と魚のすり身のロースト（Gà Giòn Chả Cá Thác Lác）は、甘酸っぱい香味ソースで。
3 ヌックマムでシンプルに炒めたかぼちゃの花のにんにく炒め（Bông Bí Xào Tỏi）は苦味と食感が魅力の南部料理。

2

3

SUZUKI

スターターに食べてもらいたいのが春巻きプレート。生春巻き、蒸し春巻き、揚げ春巻き、パン粉衣の揚げ春巻き、青米衣のスコッチエッグ（うずら）、サラダの盛り合わせがとても華やか。生春巻きのタレはテンメンジャンが定番ですが、じつは私はヌックチャムをつけるほうが好きなので、添えられてくる3種のタレ（ヌックチャム、ピーナッツソース、マヨネーズ）も高ポイントなのです。生春巻きは本来ストリートフードですが、旅行者はレストランで食べる機会が多いでしょうし、それならばひと皿でいろいろ楽しめるこのプレートは打ってつけ。大人数なら鍋もおすすめです。QUÁN BỤIは市内に何店舗か展開していて、2区にあるQUÁN BỤI GARDEN（P.114）もいいですよ。

ITO

春巻きプレートは、思わず歓声を上げてしまうような、盛りつけからして魅力のひと皿。かぼちゃの花のにんにく炒めは、南部にいるならぜひとも試してほしい料理です。北部ではかぼちゃの蔓が食べられるのに対して、通年暑く植物の生育が早い南部では花がよく食べられるのです。独特の食感と風味があって、クセになること請け合いです。

QUÁN BỤI BISTRO

クアン ブイ ビストロ

MAP	P.60 ❸
住所	39 Lý Tự Trọng, Q.1
電話	028 3602 2241
営業時間	9:00〜23:00

CHỊ HOA チー ホア

豚ひき肉とえびの蒸しバインミー
Bánh Mì Hấp Thịt Heo Và Tôm Bằm
豚肉とマムルォックのチリレモングラス煮＋きゅうり
Mắm Ruốc Thịt Heo Xào Sả Ớt

1

2

ADACHI

硬くなってしまったパンを家庭でおいしく食べる工夫として考案された蒸しバインミー。お店で出しているのはめずらしいかもしれません。ベトナム人が大好きな巻き巻きスタイル（葉っぱを手に取り、パン、肉そぼろ、なますをのせて、ぎゅっと巻いてタレをつける）で食べます。タンク入りビアホイ（生ビール）を置いているのも嬉しいポイント。生ビール至上主義の日本とは違って、ベトナムのビアホイは薄くてたくさん飲める、安上がりなアルコール。日本でいうならホッピーみたいな感じかな？

レタントン周辺には日本やインドなど各国の料理店があるのに、おいしいベトナム料理店は意外に少ない。その点、ここは何を食べてもはずれなしで、お通しのさつまいものチップスからして美味！　朝、昼、晩と時間帯問わず利用できるのが嬉しい。

HOA TÚC（P.38）の系列店で、提供する料理はやはり“No MSG”。何を食べてもおいしいけれど、なかでも豚肉とマムルォックのチリレモングラス煮は絶品。アミを塩漬け＆発酵させたペースト＝マムルォックで豚肉を煮た、地味だけれどあとを引く料理です。

4

CHỊ HOA チー ホア

MAP　P.60 ④
住所　31A Lê Thánh Tôn, Q.1
電話　028 3827 3155
営業時間　7:30〜22:00

Mắm Ruốc Thịt Heo Xào Sả Ớt 40,000đ

3

5

1 残り物を活かす家庭の知恵から生まれた蒸しバインミー。パンを葉っぱで巻いて食べる感覚が日本人には新鮮。
2 バインミーも種類豊富。屋台と違って、ここなら座って飲みものと一緒にゆっくり食せる。
3 豚肉とマムルォックのチリレモングラス煮の佃煮を思わせる甘じょっぱさは、きゅうりとの相性がいい。
4 懐かしいタンク入り、ビアホイスタイルのサイゴンベイビール（Bia Saigonbay 1LTR）。
5 タイやカンボジアの料理にもある、揚げなまずの青マンゴー添え（Cá Trê Chiên Xoài Xanh）。

QUÁN 94 クアン94

かにの揚げ春巻き
Chả Giò Cua

かに春雨炒め
Miến Xào Cua

ソフトシェルクラブのフライ
Cua Lột Chiên Bột

店頭に調理場があるので、その様子を見て気分を上げて着席します。なんちゃっての不思議な日本語ではあるけれど、写真入りの日本語メニューがあるのもこうした食堂ではめずらしく、助かりますね。揚げ春巻きも、春雨炒めも、チャーハンも、どれにもかに肉がどっさり入っていて感動。それでいてお財布にやさしい料金なのも嬉しい。

1

2

3

QUÁN 94 クアン 94

MAP	P.60 ❺
住所	94 Đinh Tiên Hoàng, Q.1
電話	028 3825 8633 093 3386 0033
営業時間	10:00〜22:00

1 ブン（米麺）や野菜と一緒に、葉っぱで巻いたり、お茶碗に入れたりして食べるのが、現地の揚げ春巻きの正しい食べ方。
2 かに肉もかにの旨みもたっぷりでしみじみおいしい、かに春雨炒め。かにの身が入ったスープもオーダーしたい。
3 ソフトシェルクラブのフライは、ビールをお供にいくらでも食べられる気がしてしまう。

ホーチミンでかにが食べたくなったら、みんながここを目指すのでは？　誰にすすめても大評判、いつも混んでいる繁盛店。並びに同じ名前の店があります。メニューも同じで味もそんなに変わりませんが、向かって左側、オレンジ色の看板の店にいつも行っています。それにしてもベトナム人は、カジュアルにかにをよく食べる！　しかもかに春雨炒めにはかにが惜しみなくごろごろ入って、こしょうが効いていて大満足。ここに挙げた3品のほか、かに入りスープも美味。もちろんビールも進みます。私の店で出しているかに春雨炒めは、じつはここのをイメージしてつくっていますので、日本で食べたくなったらぜひうちへどうぞ（笑）。

BÁNH XÈO 46A バインセオ 46A

蒸し肉だんご Chả Đùm
南部の揚げ春巻き Chả Giò
生春巻き Gỏi Cuốn
バインセオ Bánh Xèo

バインセオはレストランや市場でも食べられますが、やっぱり専門店で食べるのがいちばん。特にここならまちがいなしです。自分のアクションで完成させるベトナム料理ならではの食べ方を楽しんで。タンディンの市場や教会のそばにあるので、セットで訪れては？

1

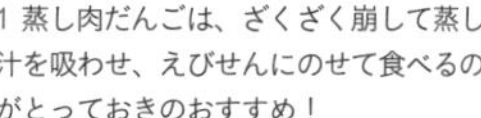

1 蒸し肉だんごは、ざくざく崩して蒸し汁を吸わせ、えびせんにのせて食べるのがとっておきのおすすめ！
2 揚げ春巻きは、北と南でサイズも具材も違う。こちらは南部風で、タロイモやクズイモが入っている。

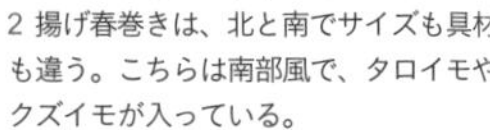

3 超定番のストリートフードも必ず食べておきたい。ここの生春巻きの大きさはなかなか立派。
4 葉っぱやハーブで巻いて、なます入りのタレをつけて。いろいろな食材をひと包みにしたバインセオは南部の料理。

ITO

有名なバインセオ専門店は市内にいくつかありますが、なかでも1945年創業の老舗のここがダントツの人気ぶり。私もやっぱりここに来てしまいます。バインセオは、底の丸いフライパンでえびと豚肉と玉ねぎを炒め、米粉の生地を薄く流します。蒸した緑豆を散らし、もやしをのせて、軽く蒸し焼きに。それから油をたっぷり注いで揚げ焼きし、最後に半分に折ればでき上がり！ カラッと焼き上がっているものの油気がけっこうあるので、リーフやハーブなどたっぷりの野菜と一緒にいただきましょう。

2

3

4

バインセオのつけ合わせの葉は、日本ではリーフレタスのことが多いですが、ここはからし菜も。ピリッとした味わいがいいんです。ちなみにバインセオの生地は米粉とココナッツミルクでできていて、ターメリックで色づけされています。卵の色ではないんですよ〜。

BÁNH XÈO 46A バイン セオ 46A

MAP | **P.60** ❻
住所 | 46A Đinh Công Tráng, Q.1
電話 | 028 3824 1110
営業時間 | 10:00〜14:00 16:00〜21:00

La Gu Bò
+ Bánh Mì
70,000đ

1

KIM THANH キム タン

ビーフシチュー＋フランスパン

La Gu Bò + Bánh Mì

ADACHI

フランスから入ってきてベトナムで独自に進化したビーフシチューは、さらっと軽い食感で、パンと一緒に食べるのが定番です。米粉でできたクタクタした食感のマカロニも、それを牛肉などと炒め合わせるのも、ベトナムならでは。昔から知っているようで知らないような、妙になつかしくなる味わいです。それから意外なおすすめとして挙げたいのが、容器のデザインがかわいい牛乳。砂糖入り、砂糖なしがあって、容器の首に輪ゴムが巻いてあるかどうかで区別している大らかさもベトナムらしい愛すべきところ。お菓子類もおいしいので、食事にもカフェタイムにも利用できます。テイクアウトもできますよ。

国営牧場の牛乳や乳製品を扱う店。お菓子のほか、朝食や軽食のメニューがあります。なのにビーフシチューやステーキがあるのは、そう、ベトナムの人たちはこうした料理を朝から食べるのです。ビーフシチューは通常Bò Khoといいますが、この店での呼称はLa Gu Bò 。フランス語のragoutが由来で、煮込み料理を指す言葉です。

ITO

2

3

4

5

1 スパイスを使ってベトナムの味に進化したビーフシチューは、パンと一緒にどうぞ。
2 マカロニ牛肉炒めのせ（Nui Xào Bò）。マカロニと炒めた肉の組み合わせは新鮮。でも、どこか昭和っぽさも。
3 牛乳屋のプリン（Bánh Flan）だけあってとてもおいしい。しっかり濃厚なところがベトナムプリンらしさ。
4 山羊乳のヨーグルト（Yaourt Sữa Dê）は敬遠されがちだけれど、食わず嫌いは損！なおいしさ。
5 ボトルがかわいいフレッシュミルク（Sữa Tươi Lạnh）は、砂糖入り、砂糖なしを選べる。

KIM THANH キム タン

MAP	P.60 ❼
住所	4 Lê Văn Hưu, Q.1
電話	028 3829 3926 093 868 5699
営業時間	6:30〜16:30 （土日〜14:00）

LƯƠNG SƠN QUÁN ルオン ソン クアン

ベトナム焼肉

Bò Tùng Xẻo

Bò Tùng Xẻo
200,000đ

1

1 なぜかタータンチェックのテーブルクロスの上の七輪で焼き焼きしながら、汗をかきかき、ビールをゴクゴク。
2 下味のついた赤身の牛肉と、いかの五香焼き（Mực Tươi Nướng Ngũ Vị）。
3 スペアリブ（Sườn Nướng Lương Sơn）は時間がかかるので店の人に焼いてもらおう。

2

3

現地の人たちに交じってワイワイ飲み食いしたければぜひこの店へ。ここで紹介しているのはマストで食べてほしいけれど、おなかに余裕があったら山羊やカエル、ヘビなどの変わり種にチャレンジしてもおもしろいですよ。

ITO

ベトナム焼肉（Bò Tùng Xẻo）は半世紀以上前に南部で誕生した料理で、大人数が集まる行事の際に牛（bò）を丸ごと吊るして肉を切り取る作業（tùng xẻo）をしたことに由来します。こちらの店では、醤油ベースのオリジナル香味ダレに漬け込まれたお肉を炭火で焼きます。食べるときは腐乳（豆腐の発酵食品）ベースのタレにつけて。白腐乳にすり潰したピーナッツ、牛乳、生クリームなどが入っていて独特のコクがあり、ほかでは味わえないやはりオリジナルのタレです。

体育館のような広い店は屋根なしの開放的な空間。子連れのときはすいている時間帯を狙って行き、肉焼き名人のスタッフにおいしく焼いてもらいます。子ども好きなスタッフと子どもたちがいつの間にか楽しく遊んでいるのが定番の流れ。

LƯƠNG SƠN QUÁN

ルオン ソン クアン

MAP | P.60 ⑧
住所 | 31 Lý Tự Trọng, Q.1
電話 | 028 3825 1330
028 3825 1385
営業時間 | 10:00〜22:00

1 カリカリれんこん ごま塩がけ（Củ Sen Lắc Muối Mè）は、まさにとまらないうまさ。
2 野菜のフリット（Rau Quả Chiên Giòn）は、器もおいしい。タロイモの千切りを型に入れて揚げてある。
3 相当量のきのこを使わなければこの大きさにはならないことは、真似してつくってみて実証済み。
4 カレーの具材として、最後はココナッツポットのなかの果肉も削いで食べてしまおう。赤米は別注文して。

1

2

3

フム ベジタリアン ラウンジ&レストラン

HUM VEGETARIAN LOUNGE & RESTAURANT

きのこの四角い揚げ春巻き

Nem Vuông

きのこのカレー ココナッツポット蒸し

Dừa Ấp Nấm

ベジタリアンなのに“もどき”に頼らず、野菜のおいしさを活かしています。きちんと油を使っているから物足りなさもないし、いっぱい食べても罪悪感がない！ 広く座席をとったゆっくりできる空間でお酒が飲めるのも、私には嬉しいこと。こちらの店舗は落ち着ける暗さが、2区にある姉妹店は開放的な明るさが、それぞれすてきです。

伝統的なベトナム料理に世界各国の料理のエッセンスを加えた、新時代のスタイリッシュなベジタリアンベトナミーズ。ベジタリアンの欧米人のほかにも、健康や美容に意識の高いベトナム人のお客さんがたくさん訪れています。信仰の篤い仏教徒は定期的に寺院に参拝してコムチャイ（精進料理）を食べる習慣を守っています。私がベトナムに料理留学していた20年前は、コムチャイといえば“もどき料理”で、ごくシンプルなものがほとんどでした。でも、ここの料理はベトナム料理の命の調味料といっていいヌックマム不使用の本格的なベジなのに、華やかで満足感があり、初めて食べたときは衝撃でした。旅行中、胃腸がちょっと疲れたときや、野菜不足を感じたときにも重宝する店です。

4

Dừa Ấp Nấm
185,000đ

HUM VEGETARIAN LOUNGE & RESTAURANT

フム ベジタリアン ラウンジ＆レストラン

MAP	P.60 ⑨
住所	2 Thi Sách, Q.1
電話	028 3823 8920
営業時間	10:00〜22:00

※料理の一部は姉妹店HUM VEGETARIAN GARDEN & RESTAURANT（P.115）で撮影しました。

AN VIÊN アン ビエン

花鍋
Lẩu Hoa

1

2

AN VIÊN アン ビエン

MAP	**P.60 ⑩**
住所	178A Hai Bà Trưng, Q.1
電話	028 3824 3877
営業時間	10:00〜14:00、18:00〜22:00

SUZUKI

花を使った料理はいかにも南部のイメージ。なかでも南部に来たならぜひ花鍋は体験してほしい。具材は花、花、花ばかり（かぼちゃの花、花にら、夜来香、シロゴチョウ、キンシンサイ、キバナオモダカの茎）。スープは店によってさまざまですが、私はAN VIÊNのこのスープが大好き。タマリンドが効いた甘酸っぱいコクのある魚介がベースです。THANH NIÊN（P.22）と姉妹店のちょっと高級なレストランで、インドシナらしいムーディな薄暗さでデートによさそうな部屋と、明るいテーブル席があります。鍋奉行は店員さんがやってくれます。

3

1 ひと皿に3種の和え物がのった3シーズンのサラダ（Gỏi Ba Mùa）は、えびせんにのせて食べる。
2 花の姿をそのまま活かした魚のすり身を詰めたかぼちゃの花のフライ（Bông Bí Nhồi Chả Cá Chiên）。
3 花を食べる鍋とは、なんとも風情がある。この店の花鍋の花以外の具材は、立派な大きいえび。

HEART OF DARKNESS ハート オブ ダークネス

クラフトビール
Craft Beer

サイズも種類も豊富。下の写真はピルスナー、ペールエール、スタウトのスタンダードサイズ。

Standard 95,000đ~

日本では若者のビール離れが叫ばれている昨今ですが、あなたがもしビール好きなら、ベトナムは天国！ ベトナムの人たちはビールが大好きで、加えて現在は空前のクラフトビールブームが到来中。HEART OF DARKNESSは受賞歴もあり、アジアの市場で評価の高い正統派ブルワリー。日本に比べて制約が少ないのか、多彩な素材を使った自由で楽しいクラフトビールがいろいろあります。ホーチミンは、ビール好きにはそうとう楽しめる街だと思います。ほかにもたくさん店やブルワリーがあるので、見つけたらぜひ飲んでみてください。コンビニで買えるクラフトビールもありますよ。要チェック！

HEART OF DARKNESS
ハート オブ ダークネス

MAP	P.60 ⑪
住所	31D Lý Tự Trọng, Q.1
電話	090 3017 596
営業時間	11:00〜深夜

HẺM ĂN VẶT 76

路地裏はストリートフード天国！

路地の奥へ進むまで、いったい何軒の屋台があるだろう。軽食からスイーツから、なんでも揃って大盛況。だけど場所の正式名称は、たぶんない。それがいかにもベトナムらしい。

Bò Nướng Lá Lốt 20,000đ

午前中はバイクの駐輪場になっていて、人はまばら。昼すぎにどこからともなく屋台が集まってきて、突如活気のある"食のワンダーランド"に変貌するのだ。

絶対食べてほしいのは南部の料理、牛肉のラロット巻き焼き。ライスペーパーでブンと野菜を巻いて。

ITO

ずらりと並ぶローカルフードにわくわくします。

路地の屋台村

MAP P.60 ⑫
住所 76 Hai Bà Trưng, Q.1
営業時間 午後〜夜

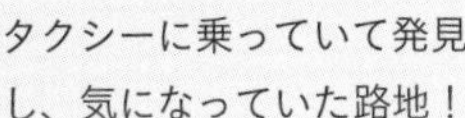

タクシーに乗っていて発見し、気になっていた路地！

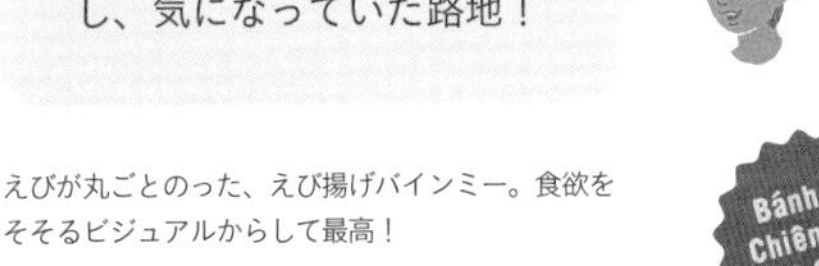

えびが丸ごとのった、えび揚げバインミー。食欲をそそるビジュアルからして最高！

Bánh Mì Chiên Tôm 20,000đ

空き時間、空間を有効利用するのはベトナム人の得意技！

ADACHI

Đường Lê Thánh Tôn

レタントン通り周辺

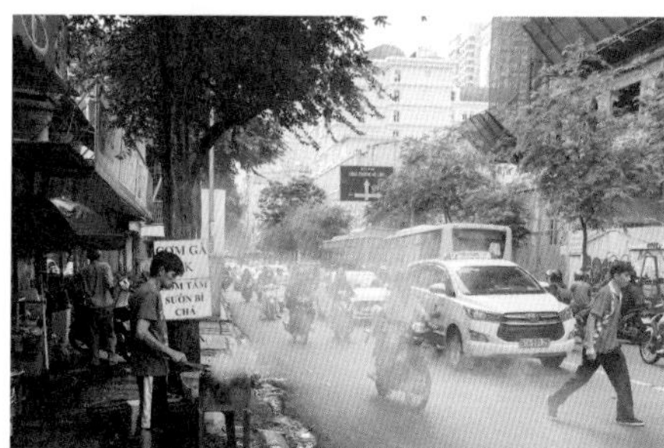

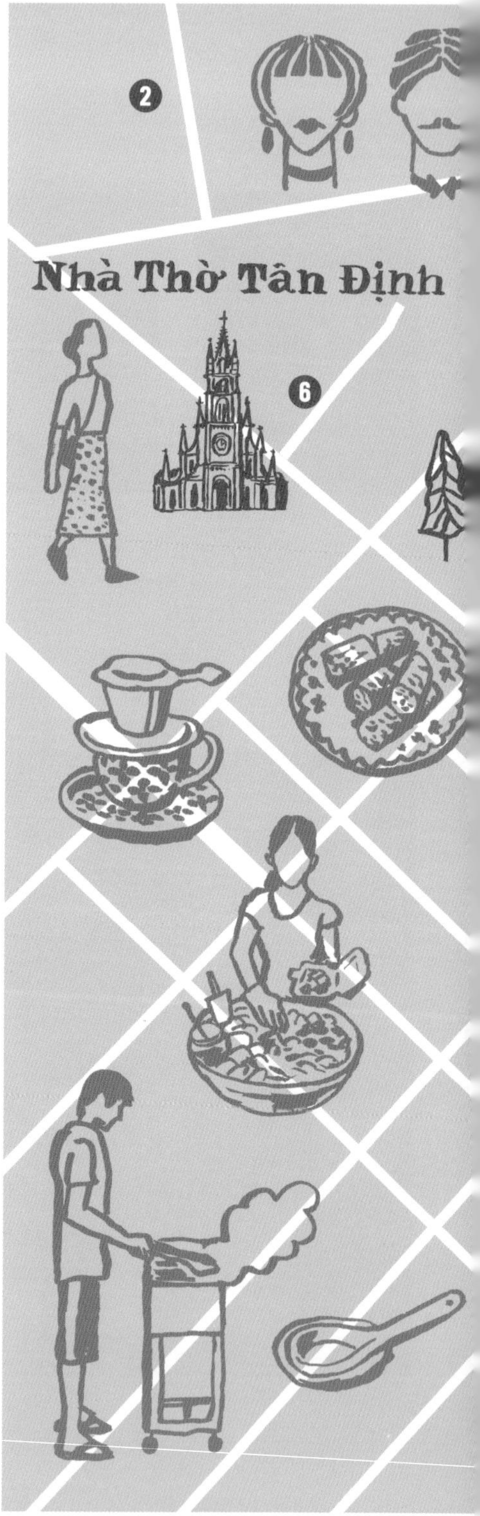
2
Nhà Thờ Tân Định
6

ⓐ THE REFINERY
アヘン工場跡をリノベしたビストロ＆カフェ。74/3C Hai Bà Trưng, Q.1 028 3823 0509 11:00〜23:00

ⓑ MEZZ（SOFITEL SAIGON PLAZA）
フランス系ホテルでおいしい朝食ビュッフェを。2F, 17 Lê Duẩn, Q.1 028 3824 1555 朝食6:00〜10:30

ⓒ L'USINE
セレクトショップ併設のスタイリッシュなカフェ。
19 Lê Thánh Tôn, Q.1
028 3822 7188 7:00〜22:00

L'USINE

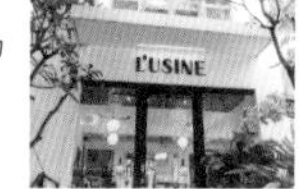

ⓓ ANNAM GOURMET MARKET
ベトナム版DEAN & DELUCA。高島屋（P.90）にも支店あり。
16-18 Hai Bà Trưng, Q.1
028 3822 9332／028 3822 7131 7:00〜21:30

Rạch Thị Nghè
ティゲー川
5
Đinh Tiên Hoàng
ディンティエンホアン通り
Công Viên
Lê Văn Tám
0
b
Hai Bà Trưng
7
L'USINE
Lê Thánh Tôn
レタントン通り
ハイバーチュン通り
Nhà Thờ Đức Bà
76
11
8
c
3
12
4
Quán
a
1
Nhà Hát Thành Phố
Hồ Chí Minh
d
9
inh Độc Lập

日用品、ところ変われば品変わる

よく知っている身近なあの日用品も、ほんのちょっとの違いで新しい使い心地。
市場やスーパー、行商のおばちゃんから入手して。

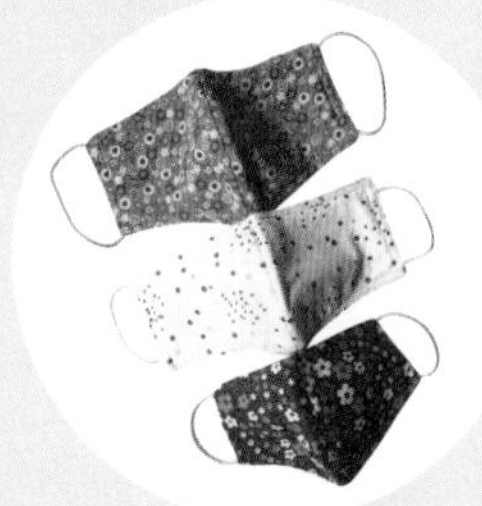

＼ つまようじ ／

人前で使うのは憚られる？ ベトナムではそんなことはありません。デートで食後、男性が女性につまようじを差し出すのはマナーでさえあるのです。かなり細くてクセになるほどよく取れる。まとめ買いする人、続出中。

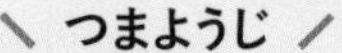

＼ マスク ／

マスクの概念を打ち破る、色柄の豊富さ。日本でも色のついたマスクをする人は増えてきたけれど、ベトナムの比ではありません。ただしガーゼではなくただの布生地なので、息をするのは若干苦しいかも……。

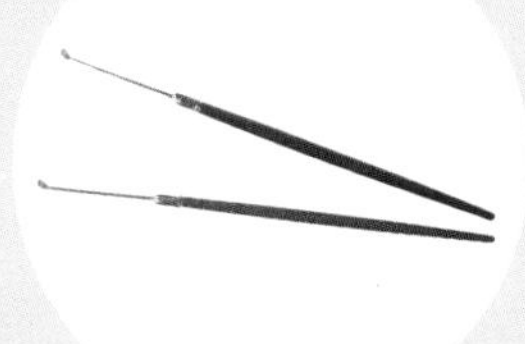

＼ 耳かき ／

先端のへら部分が、日本のものと比べてかなり小さいのがおわかりでしょうか。このへら部分の小ささが絶妙に耳内部のカーブにフィット、画期的な耳垢の除去率をはじき出すのですが、やりすぎには要注意。

Chợ Bến Thành

ベンタイン市場周辺

ベンタイン市場はホーチミンの最も象徴的なランドマークのひとつ。活気のあるナイトマーケットも毎晩開催されています。市場のまわりには老舗のローカル店が多数あり。

SECRET GARDEN シークレット ガーデン

焼きつくねのレモングラス風味
Nem Sả Nướng

1 上から、牛すねのヌックマム漬け、空芯菜のにんにく炒め、ソイチン（揚げおこわのひき肉のせ）。

2 Ua Si Khaiというラオス料理にインスパイアされた、SECRET GARDENの名物創作料理。

普通のアパートの屋上という立地なので不安になるかもしれませんが、無事に到着すれば昼は開放的で気持ちよく、夜はランタンでムードたっぷりの空間が。伝統的なベトナム料理からアレンジされた創作料理まで、比較的リーズナブルに楽しめます。夜は予約したほうがベターです。

系列店はすべてルーフトップにあるので、私のなかでの別名は「がんばって階段を上がったご褒美の店」（笑）。家庭料理や屋台で出すような料理を、ちょっとアレンジして提供しているところが楽しい。それをこういう空間で、気の利いたプレゼンテーションで食べられるのがいいんです。

2

Nem
Sả Nướng
95,000đ

レモングラスの串に肉を巻きつけて焼く料理がベトナムにはありますが、こちらはレモングラスのなかに肉を詰めた創作料理。なんといってもビジュアルが楽しい！　香ばしく焼けたレモングラスからはさわやかな香りがあふれます。それに、青チリソースが甘いつくねとよくマッチ。

ITO

SECRET GARDEN

シークレット ガーデン

MAP	P.76 ❶
住所	158 Pasteur, Q.1（ルーフトップ）
電話	090 990 4621
営業時間	8:00～20:00

NAM GIAO ナム ヤオ

フエのお餅いろいろ

Bánh, Bánh, Bánh!

1

2

3

4

5

6

1 バインベオ（ひとくち蒸し餅）Bánh Bèo Tôm Tươi
2 バインイットゴイ（葉包み肉あん入り餅）Bánh Ít Gói
3 バインナム（えびと豚そぼろ入り米ののし餅） Bánh Nậm
4 バインウットティットヌン（プルプル米皮の焼肉巻き）Bánh Ướt Thịt Nướng
5 クオンニエップ（えび、豚肉のからし菜巻き）Cuốn Nhiếp［Cuốn Diếp］
6 バインボッロック（えびと豚肉入りでんぷん餅） Bánh Bột Lọc

7

8

9

ホーチミンに滞在中、中部フエの料理を食べたくなると訪れます。ベンタイン市場へ買い出しついでに寄ることが多いですね。大人数ならお餅をいろいろ頼むと楽しい。ひとりなら、しじみの汁かけごはんとバインベオがおすすめです。

フエ料理の餅（Bánh Huế）を売る店は数あれど、これだけの種類を取り揃えている店はなかなかありません。本場の餅屋でみながそうしているように、ぜひいろんなお餅を注文して。うるち米、もち米、タピオカでんぷん粉と、それぞれの原料の食感の違いを楽しめます。一方で具材は案外バリエーションがなく、えびや豚肉が多いのです。でも、さまざまに姿を変え、それぞれみごとに違う料理になっています。限られた材料のなかで工夫してつくり出されたフエ料理のすばらしさが見えてきます。

主役は各種のお餅ですが、豚耳や豚皮入り発酵つまみも私は大好き。豚の耳と皮とばら肉を、生姜、にんにく、白ごま、塩、砂糖などと混ぜ合わせ、バナナの葉や藁に包んで発酵させたもの。テイクアウトして、ホテルの部屋でビールと一緒に楽しみます。

7 フエのかにのバインカン（Bánh Canh Cua）。この店のバインカンはタピオカ粉でできていてプルプル。
8 ホーチミンではなかなか食べられないしじみの汁かけごはん（Cơm Hến）はお茶漬け感覚で食べられる。
9 豚耳や豚皮入り発酵つまみ（Tré）は、バナナの葉や、納豆のように束ねた藁に包まれている。

NAM GIAO ナム ヤオ

MAP	P.76 ❷
住所	136/15 Lê Thánh Tôn, Q.1
電話	028 3825 0261
営業時間	7:30〜22:00

1

2

1 やわらかないかに豚肉がぎっしり詰まった、いかの肉詰めトマトソース煮。マストオーダーです。
2 焼きなすのひき肉のせには、よりおいしくなる魔法のヌックマムのタレを惜しまずかけるのをお忘れなく。
3 おかずを4〜5品頼んでたっぷり食べても1人あたりおよそ500〜1,000円という良心的価格。

ベトナム人が日常的に家で食べているような、白いごはんと一緒に食べるおかずがずらり。長く通っていますが、いつ行ってもぶれない、安定・信頼の味です。いかの肉詰めトマトソース煮にはいかの旨みがしっかり染み込み、ごはんとの相性が抜群です。焼きなすのひき肉のせは、ねぎ油とヌックマムのタレのみというシンプルさながら非常に香ばしく、またびっくりするほどのコクがクセになるおいしさ。添えてあるヌックマムのタレは迷わず全量をなすにかけて食べてくださいね。

I TIỆM CƠM ĐỒNG NHÂN ティエム コム ドン ニャン

いかの肉詰めトマトソース煮
Mực Nhồi Thịt Sốt Cà
焼きなすのひき肉のせ
Cà Tím Nướng Thịt Bằm

SUZUKI

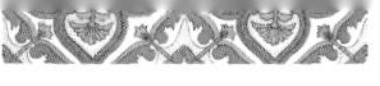

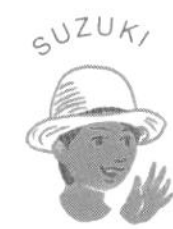

市内の大衆食堂ならMINH ĐỨC（P.98）と並んで推薦したいのがここ。レストランでは出会えない本当の家庭料理があります。昼どきは地元の人たちで混雑するのでベトナムらしさも堪能できます。支店のCƠM ĐÒNG NHÂN（P.90）にもよく行きます。

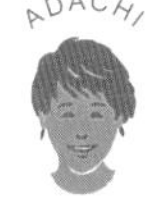

おかずのラインナップは日によって違いますが、いかの肉詰めトマトソース煮と焼きなすのひき肉のせは大定番。白いごはんにおかずをのっけてまず1杯。汁かけにしてさらに1杯。もう1回おかずをのっけてもう1杯と、ループがとまらない（笑）。

TIỆM CƠM ĐỒNG NHÂN

ティエム コム ドン ニャン

MAP	P.76 ❸
住所	42 Trương Định, Q.1
電話	028 3822 1010
営業時間	9:00〜14:00、16:00〜20:00

ADACHI

予算1人あたり
100,000
~200,000đ

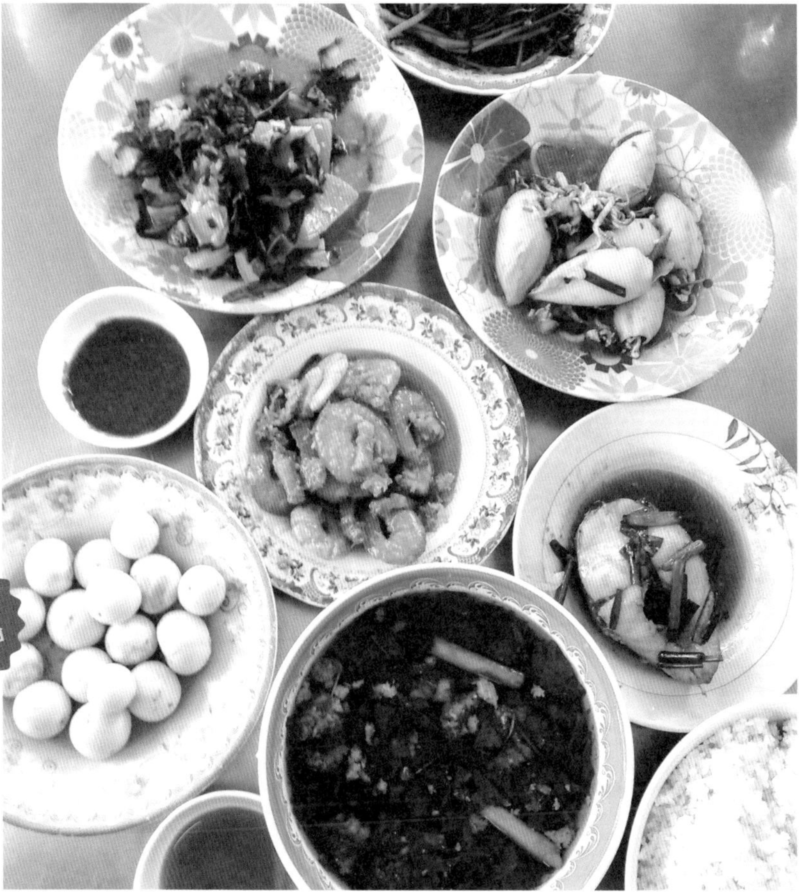

3

QUÁN BÚN MẮM クアン ブン マム

ブンマム（発酵魚の汁麺）
Bún Mắm

1

QUÁN BÚN MẮM クアン ブン マム

MAP | P.76 ❹
住所 | 22 Phan Bội Châu, Q.1
電話 | 028 3824 5196
営業時間 | 8:00〜20:00

1 店頭のショーケースにピラミッド形に積まれた生春巻きが目に入ると、自動的に注文してしまう。
2 魚介も肉も野菜も、多彩な食材がたっぷり入ったぜいたくな1杯に、さらに添えられてくる生野菜をたくさん入れて。

くさいが、うまい！ ベトナム南西部はメコンデルタの名物。淡水魚のリンやサックなどでつくる発酵調味料マム（Mắm Cá Linh、Mắm Cá Sặc）を煮溶かして豚の出汁と合わせ、油で炒めたレモングラスで風味をつけたスープで食べるブン料理です。えび、いか、豚肉と豪華な具材に加えて欠かせないのがなす。スープをすってトロリとしたやわらかさがたまりません。通常ブンといえば素麺のような細麺が主流ですが、ブンマムに使うのは太麺。しっかりと濃い味のスープに合う太さなのです。バナナの花のつぼみ、睡蓮の茎、キバナオモダカ、もやしなどの添え野菜を絡めて食べるとおいしさアップ！

ITO

Bún Mắm 75,000đ
2

XÔI GÀ NUMBER ONE ソイ ガー ナンバー ワン

ソイガー（鶏おこわ）
Xôi Gà

白皿が鶏おこわ、黄皿がとうもろこしおこわ（Xôi Bắp）。しょっぱいけど、おこわだけど、甘いけど、おやつです。

インディカ米のもち米だから、日本のもち米おこわと違って軽い食感。とうもろこしおこわにはグラニュー糖がかかっていますが、おこわで甘いのやしょっぱいのがあるのは普通のこと。北部ではアイスクリームをのせて食べることもあるんですよ。

19番地と21番地にも同じ店名のソイガー専門店があるのですが、そちらは長女夫婦がやっている別の店。血縁でいえば系列ですが、経営は別のようです。なんだか不思議だけれど、ベトナムではよくあること。15番地にあるこの店が元祖です。

食事というよりはまさにおやつ。それを証拠にこの店ではケーキなども扱っています。ベトナムはしょっぱいおやつが豊富で、なかでもおこわは特に魅力的。上にのっている自家製の揚げねぎもとてもおいしい！　全体のバランスがとてもいいです。

XÔI GÀ NUMBER ONE
ソイ ガー ナンバー ワン

MAP	P.76 ⑤
住所	15 Nguyễn Trung Trực, Q.1
電話	090 826 5767
営業時間	9:00〜21:00

卓上の紫色のマムトムは、えびの発酵調味料。途中で投入すれば、そこにはまた違う味の世界が待っている。

THANH MAI タン マイ

MAP	P.76 ❻
住所	14 Trương Định, Q.1
電話	028 3823 2885
営業時間	6:00〜14:30

ブンモックは北部の料理で、この店では肉だんごに4種類の練り物、豚の絹挽きすり身蒸し（Chả Lụa）、シナモン風味の豚のすり身蒸し（Chả Quế）、豚のすり身揚げ（Chả Chiên）、豚のすり身の葉包み蒸し（Chả Lá）、そしてスペアリブがのっています。豚骨とスペアリブでとったスープはクリアでやさしい味。以前は客席スペースはなく、営業時間中だけ周辺にプラスチックの椅子とテーブルが出ていました。道の反対側にまで椅子が増殖していたくらい人気店なので、いつもお客でいっぱい。でも営業後はそれまでの賑わいが嘘のようにシャッターが閉まり、日用雑貨の露店が出ていて風景が激変します。

THANH MAI タン マイ

ブンモック（練り物のせ豚の汁麺）
Bún Mộc

CHỢ BẾN THÀNH ベンタイン市場

チェー Chè
さとうきびジュース Nước Mía

冷たいおやつや飲み物で、
暑さを楽しみに変えましょう。

ITO

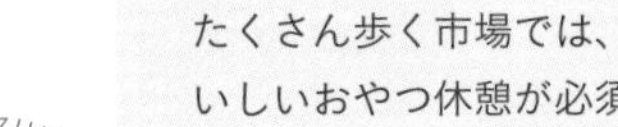

たくさん歩く市場では、おいしいおやつ休憩が必須！

SUZUKI

ADACHI

買い物休憩では必ずこの2店舗を利用しています。

CHỢ BẾN THÀNH ベンタイン市場

MAP | P.76 7
住所 | Đường Lê Lợi, P.Bến Thành, Q.1
営業時間 | 7:00～19:00（店により異なる）

1 BÉ CHÈ（店番号1154-1130）は人気店。チェーいろいろ、蒸しバナナケーキ、プリンやヨーグルトもおいしい。
2 CHÈ SÀI GÒN（店番号1076）の、さとうきびベースのフルーツジュース各種。店頭でさとうきびを搾っている。

1

2

CHỢ BẾN THÀNH

ベンタイン市場で何買うの?

生鮮食品から衣類から日用雑貨から、およそあらゆるものが売っている巨大な市場。1,500もの店がひしめくなか、行きつけの店からたまたま立ち寄る店まで、いつもどんなものを買っているのか紹介します。

大量仕入れで両手いっぱい。

おもに店で使う消耗品、備品を購入します。本物そっくりな造花の多肉植物は店のディスプレイに。大量の箸袋、誕生日祝い用のろうそくとケーキトッパーを仕入れ。

ADACHI

いつもの乾物専門店で。

ベトナム産の殻つきマカダミアナッツ、皮つきローストカシューナッツ、フーコック産の赤こしょうは量り売りで。それとごまのライスペーパーを料理教室用にゲット。

ITO

CHỢ BẾN THÀNH ベンタイン市場

MAP | P.76 ❼
住所 | Đường Lê Lợi, P.Bến Thành, Q.1
営業時間 | 7:00〜19:00（店により異なる）

目新しく楽しいものを物色。

大胆なデザインのオウムサンダルは娘に。キャラクターのマジパン細工は子どもたちの誕生日パーティ用。ベトナムの名物をかたどったマグネットは店の冷蔵庫にペタリ。

SUZUKI

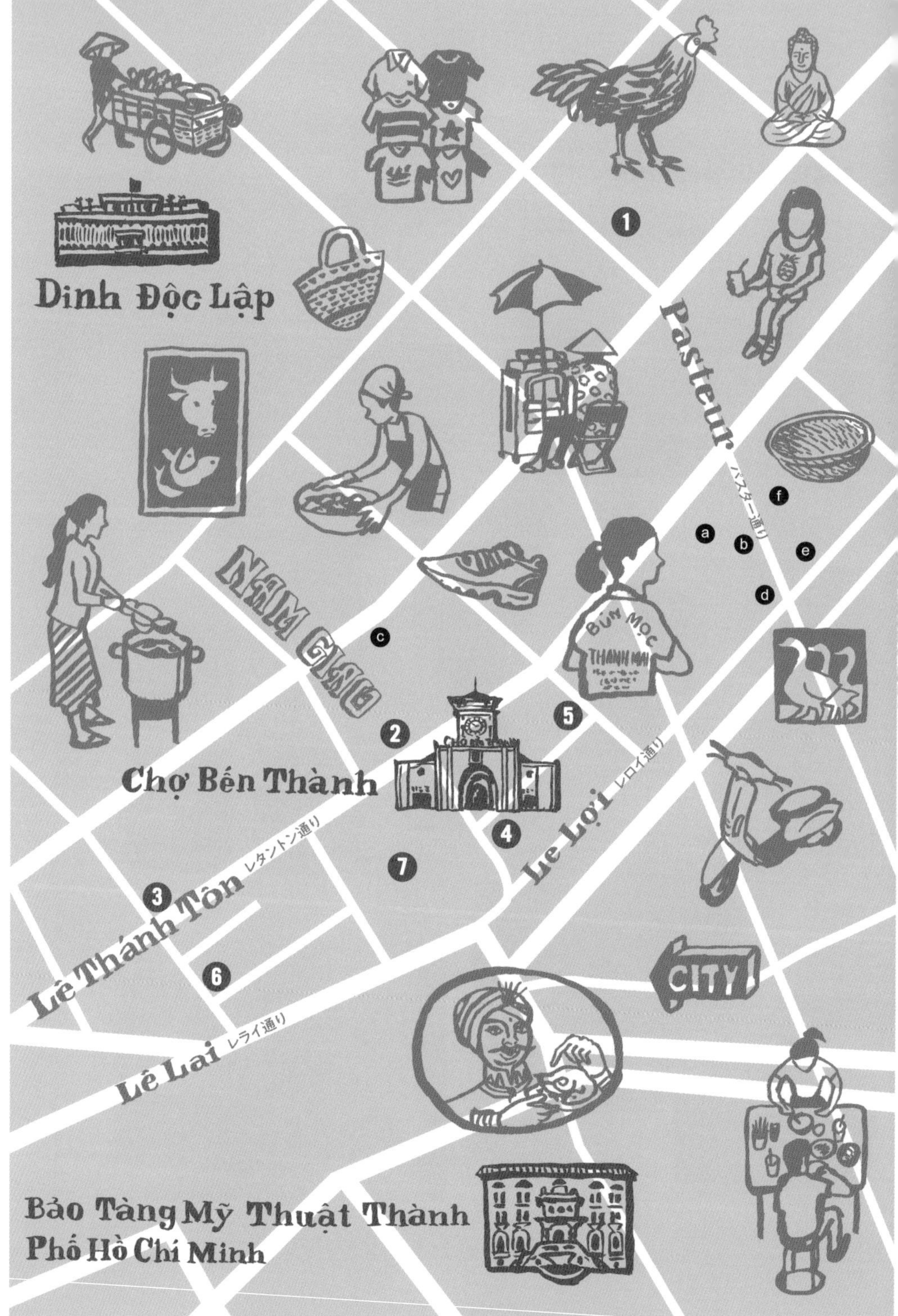

Dinh Độc Lập
1
Pasteur
パスター通り
f
a
b
e
d
c
BÚN MỌC
THANH MAI
5
2
Chợ Bến Thành
Lê Lợi
レロイ通り
4
7
3
Lê Thánh Tôn
レタントン通り
6
CITY
Lê Lai
レライ通り
Bảo Tàng Mỹ Thuật Thành
Phố Hồ Chí Minh

Chợ Bến Thành

ベンタイン市場周辺

ⓐ ĂN CƠM UỐNG NƯỚC –KIN KHAO KIN NAM
路地のいちばん奥にあるタイビストロ&カフェ。63/18 Pasteur, Q.1
093 209 9028 9:00〜22:00

ⓑ OLD COMPASS
静かでくつろげるカフェバー。
3F, 63/11 Pasteur, Q.1
028 3823 2969
8:30〜23:00（木金土は深夜まで）

ⓒ THE LOSER
ネオンサインが印象的な、隠れ家的なバー。
2F, 95B Lý Tự Trọng, Q.1
090 559 69 55
16:30〜24:00

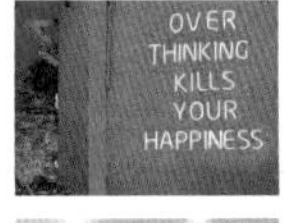

ⓓ KEM BẠCH ĐẰNG
サイゴンっ子に愛されている「バッグダンアイス」。28 Lê Lợi, Q.1
028 3829 2707
9:00〜23:00

ⓔ THINKER&DREAMER 
人気モデルがオーナーのカフェ。上のフロアではメンズ服を販売。
26b Lê Lợi, Q.1
094 891 9137 9:00〜22:00

ⓕ PASTEUR STREET BREWERY
ベトナムのクラフトビールブームの草分け的存在。
144/3 Pasteur, Q.1 028 7300 7375 11:00〜深夜

The Column by Yumiko ADACHI

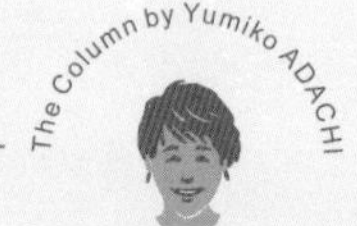

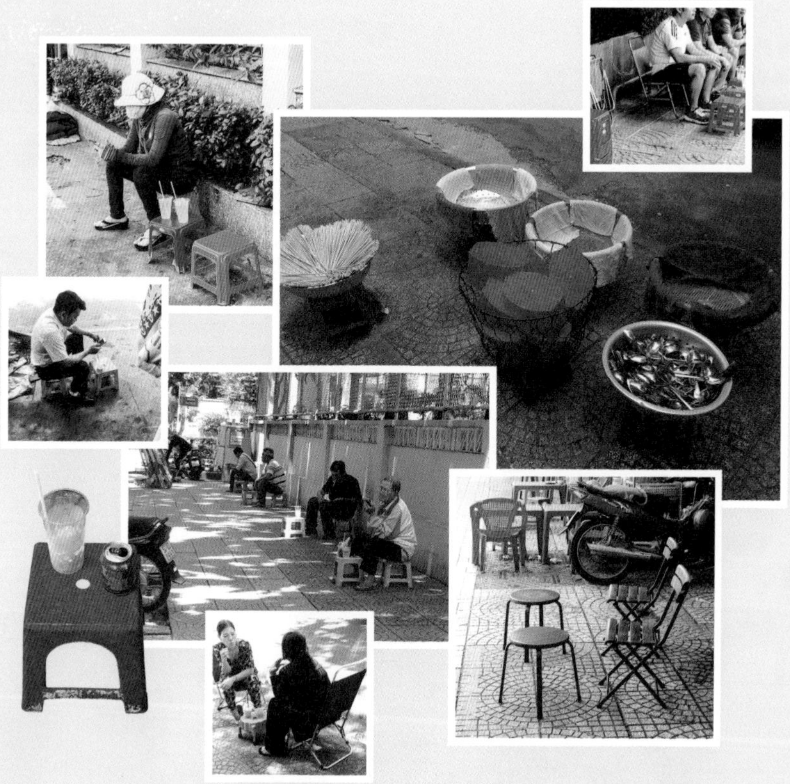

固定観念からの脱却

ベトナムで路上カフェを営むなら、テーブルは不要……とは、まんざらまちがいともいえません。椅子さえあれば客は座れるし、あいている椅子をテーブル代わりに使うことだってできるのだから。使ってみると実際、椅子と卓が同じ高さってけっこう落ち着いていい感じ。こうあるべき、こうするべきという先入観とは無縁なベトナム人の発想には、いつもはっとさせられます。

Chợ Cũ

オールドマーケット周辺

ビテクスコ・フィナンシャルタワーといった近代的なビルが建つなかに、かつてのサイゴンにタイムスリップしたようなオールドマーケットが健在。新旧入り混じるエリアです。

NAM LỢI ナムロイ

魚のフーティウ汁麺
Hủ Tiếu Cá

Hủ Tiếu Cá
90,000đ

1

1 甘みがあってやさしい味わいの魚のフーティウ汁麺。NAM LỢIのフーティウは華人スタイル。
2 魚のあえ中華麺（Mì Khô Cá）。麺はフーティウか中華麺を、さらに汁ありか汁なしかを選べる。
3 ミートパイ（Bánh Pateso）ははじめからテーブルにセットされている。食べたら料金を支払うシステム。

2

3

ITO

フランス統治時代には賑やかな華人街だったオールドマーケット界隈には、かつて華人の営む飲食店がたくさんあったそう。当時から現在まで70年も営業を続けているNAM LỢIでは、そんな華人スタイルの生米麺フーティウ（粿条）が食べられます。フーティウとは、中国南部発祥の米麺のこと。ベトナムに伝わり半乾燥麺となって定着しましたが、華人が営む店では生麺が使われます。やわらかく口当たりのよい生フーティウの食感はスープのやさしい味とマッチ。淡白でやわらかな雷魚の汁麺を楽しんで。

SUZUKI

華人のフーティウを提供している貴重な店。コシのあるベトナム式フーティウや中華麺もあり、好みで麺を選べます。ちょっと不思議な取り合わせに感じるかもしれませんが、華人系のフーティウ屋には必ず置いてあるミートパイもぜひ一緒にどうぞ。テイクアウトで行列ができるほど美味なのです。そうそう、ここは家族経営で、アルバイトの子以外はみんな愛想がかなりよくないけれど、どうかくじけないで。もし家族の誰かの笑顔を見られたらその日はラッキーデーって、私は勝手なジンクスをつくっています（笑）。

NAM LỢI ナム ロイ

MAP	**P.90 ❶**
住所	43 Tôn Thất Đạm, Q.1
電話	028 2821 0720
営業時間	6:00〜12:00、13:00〜17:00
定休日	土日の午後

THANH XUÂN タン スアン

えびかに入りトマトソースあえ麺
Hủ Tíu Tôm Cua

1

2

1 こちらもおすすめ、ひき肉のあえ麺（Hủ Tíu Thịt Bằm）。ちなみに麺もテイクアウトできる。
2 ミートパイ（Bánh Pateso）も店の名物。崩して麺のどんぶりに入れ、ソースを絡めて食べる常連客も。
3 メニューボードに"ĐẶC BIỆT（スペシャル）"と書かれているのが、えびかに入りトマトソースあえ麺のこと。

フーティウは、ベトナム南部で最もポピュラーな米の麺。THANH XUÂNはモスクの隣にあり"モスクのフーティウ屋"として有名でした。南部抗戦（1945〜46年）の際にミトーからサイゴンに逃れてきた初代がモスクに留まることを許され、この場所で店を始めたんだそう。70年以上続くそんな老舗店のフーティウの特徴はなんといっても、しっかりしたとろみが麺とよく絡むトマトソース。えびとかに、ひき肉、チャーシューなどの具材がたっぷり入ったとてもぜいたくな一品です。

ホーチミンから車で2時間ほどかかるメコンデルタのミトーに行かずとも、ミトー仕込みのフーティウを味わうことができます。雨降りのときはキッチン奥の路地が客席になりますが、晴れていれば店先の通りにテーブルと椅子が出され、青空の下で食べるとさらにおいしく感じます。名古屋のあんかけスパゲティを彷彿とさせる濃厚なトマトソースのどんぶりがテーブルに運ばれてきたら、つけ合わせの野菜やハーブを手でちぎって入れ、ライムをきゅっと搾って。自分だけの味に調整するのもまた楽しいのです。

Hủ Tíu Tôm Cua 75,000đ

3

THANH XUÂN タン スアン

MAP	P.90 ❷
住所	62 Tôn Thất Thiệp, Q.1
電話	028 3821 3193
営業時間	6:30〜14:00 （土日〜19:00）

Cháo Mực + Hột Vịt Bắc Thảo
23,000 + 18,000đ

1

CHÁO MỰC 10 チャオ ムック 10

いか粥＋ピータン

Cháo Mực + Hột Vịt Bắc Thảo

2

3

4

店の存在を知ったときは、これを食べてみたいがためだけにホーチミン入りしたほど。その甲斐あって、いかの出汁たっぷりのお粥は体に染み渡るたまらないおいしさでした。お粥にほんのり甘くコクのある揚げパン（quẩy）を入れて食べるのもおすすめです。何しろ店の人たちの声が大きいのでびっくりしないで（笑）！

ベトナムでのお粥の立ち位置はディエムタム（点心）、つまり軽食です。とはいえ出汁で炊いてしっかりと味がつけてあり、肉や魚介も入ってかなりボリューミー。この店では、するめと豚、干しえびの出汁でお粥を炊いています。豚の血豆腐、たっぷりの青ねぎに、しょうがの千切り入り。いかの旨みに加え炙ったいかの風味も効いているのでぐんぐん箸が進んでしまう。トッピングにはお粥の味を底上げしてくれる濃厚なピータンをぜひ。ライムをほんの少しだけ搾ると旨みが引き立ちます（せっかくの旨みが壊れるので入れすぎにはくれぐれも注意！）。こしょうや赤唐辛子を入れてやさしい味を引き締めるのも◎。

1 日本ではお粥というと質素なイメージがあるが、ベトナムは出汁で炊いたお粥が多く、味もしっかりついている。
2 お粥のほかに、豚と鶏のスープのヌイ（米粉のマカロニ）、バインカン（タピオカ麺）、ワンタンのチョイスも。
3 店の入口に並んでいる鶏足や豚足の茹で肉は塩やこしょう、ライムをつけて、お粥や麺と一緒に食べて。
4 こちらはバインカンゆで豚のせ。豚の血を固めた血豆腐はデフォルトの具。

CHÁO MỰC 10 チャオ ムック 10

MAP | P.90 ❸
住所 | 10 Phó Đức Chính, Q.1
電話 | 028 3829 4414
営業時間 | 7:30〜20:00

ĂNĂN アンアン

フォアグラ入りバインミー
Foie Gras Bánh Mì
バインセオタコス(チャーカー入り)
Bánh Xèo Tacos-Chả Cá Fish

ĂNĂNは“食べる・食べる”の意味。100ドルのバインミーをつくったり、バインセオをタコスにアレンジしたり、焼きライスペーパーをピザにしたり。リーズナブルなストリートフードを極上の料理に変化させることで、ベトナム料理の価値を上げるべく奮闘している店。

ADACHI

Foie Gras Bánh Mì 175,000đ

1

1 フォアグラの香りがふわっと広がるフォアグラ入りバインミー。100ドルバインミーではないけれど、やはりぜいたく。
2 バインセオタコスには、ハノイ名物のチャーカー（魚のディル風味揚げ焼き）が。アイデアがいつも秀逸。
3 デザートのブロークンライム（Broken Lime）のユニークなプレゼンテーションは、注文してからのお楽しみ。

ĂNĂN アンアン

MAP	P.90 ❹
住所	89 Tôn Thất Đạm, Q.1
電話	090 479 2920
営業時間	17:00〜深夜
定休日	月

Bánh Xèo Tacos –Chả Cá Fish 145,000đ

2

3

ローカルフードを洗練された新しいベトナミーズキュイジーヌに仕立て上げてしまうこの店のシェフの発想には、いつも感嘆します。以前話題になった100ドルのバインミーに使われていたキャビアは、知られていないけれどもじつは海外にも輸出されているダラット産のものでした。ただ高級食材を使うということではなく、世界におけるベトナムという国の価値を高めたいという明確な想いがそこにはあるのです。海外生活をしていた人ならではの視点でもって、それを料理で実現している。世界中からファンが訪れる名店です。

NHẬU NHẬU ニャウ ニャウ

フォーヒート
Phojito

フォーヒートは、米のお酒をベースに、牛肉フォーをつくるときに使うスパイスの風味を効かせたカクテル。街の新旧の景色が交差した立地と、気鋭のシェフのアイデアの両方をたっぷり楽しんで！ ちなみに「NHẬU NHẬU」は"呑む・呑む"という意味です。

ADACHI

1階はĂNĂN（P.86）、上階はバー。名前は違うけれど同じ店です。だから、下で食事したあとに移動してデザートをいただいたり、満席でĂNĂNに入れなかったときにNHẬU NHẬUでĂNĂNの食事を楽しんだりすることもできるのです。私はお酒が飲めないので、飲食店に入るといつもそうするようにここでもチャダー（お茶）を頼んだら、カクテルが運ばれてきてびっくり仰天！ ここのオリジナルカクテルにはベトナムの地名や料理名がついていて、チャダーという名のお茶のカクテルだったのでした。

SUZUKI

Phojito 175,000đ

NHẬU NHẬU ニャウ ニャウ

MAP	P.90 ❺
住所	2F, 89 Tôn Thất Đạm, Q.1
電話	090 479 2920
営業時間	17:00〜深夜
定休日	月

モヒートをもじって、フォーヒート。シナモンやスターアニスなどのスパイスを使ったオリジナルカクテルです。

MAISON MAROU メゾン マルゥ

チョコレートドリンク
Signature Marou

ベトナムのチョコレートがいまとても盛り上がっているなか、やっぱりMAROUがいちばんおいしい！ 日本で買える商品もありますが、ドリンクや生ケーキ、ポップコーンなど現地でしかお目にかかれないものもたくさん。缶入りカカオニブなどはおみやげに最適。

SUZUKI

チョコレートドリンクは、コクのあるホットと、幾分さわやかなアイス、どちらも試したい。

MAISON MAROU メゾン マルゥ

MAP	P.90 ❻
住所	167-169 Calmette,Q.1
電話	028 7300 5010
営業時間	9:00〜22:00 （金土日〜23:00）

６つの地域のカカオ豆の味比べができるシングルオリジンをはじめ、チリペッパーやお米などの特産品を使ったチョコやフォー風味のチョコなど、シーズンもの、スペシャルものも。製造所も併設されていて、店内に入るといい香りに包まれて幸せな気分に。

近年はカカオ栽培農家のみならずチョコレート製造メーカーが急増中のベトナムにあって、最も先駆けかつ有名なのがMAROU。チョコレートドリンクはほどよい甘さ、なめらかな口当たりで上品な味わい。何よりもカカオの風味がしっかりと楽しめます！

ADACHI

ITO

Chợ Cũ

オールドマーケット周辺

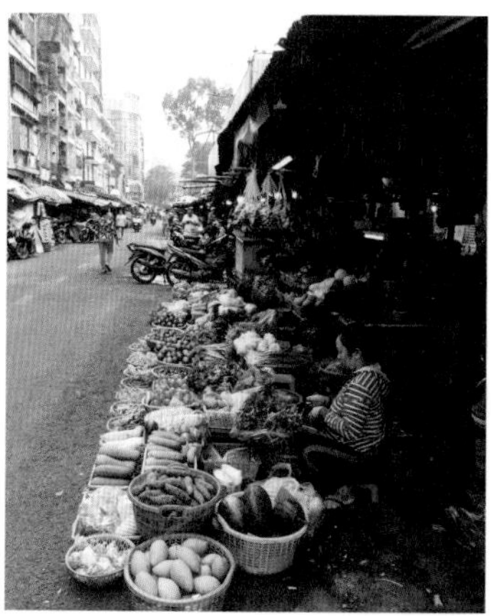

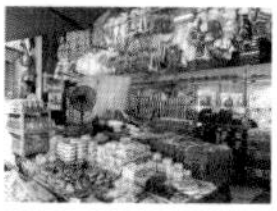

ⓐ **NHƯ LAN**
パンや食品販売のほか、食堂も利用価値高し。
50 Hàm Nghi, Q.1
028 3914 1338
4:00〜23:00

ⓑ **CHỢ CŨ**
かつてのサイゴンにタイムスリップできる!? オールドマーケット。
Đường Tôn Thất Đạm, Q.1
3:00〜23:00

ⓒ **HỦ TIẾU CÔ GÁI**
創業60年超の屋台でフーティウを。
65Tôn Thất Đam, Q.1
(Vào hẻm tiệm cơm chuyên ký)
8:00〜15:30

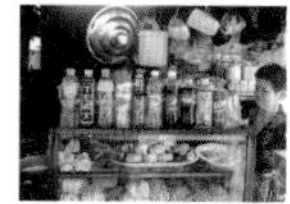

ⓓ **髙島屋**
ホーチミンの新しいアイコン。92-94 Nam Kỳ Khởi Nghĩa, Q.1
1800 577 766 9:30〜21:30(土日祝〜22:00)

ⓔ **CƠM ĐỒNG NHÂN**
ほっとするおかずがいっぱいの食堂。11 Tôn Thất Thiệp, Q.1
028 3822 5328 10:00〜21:00(日〜14:00)

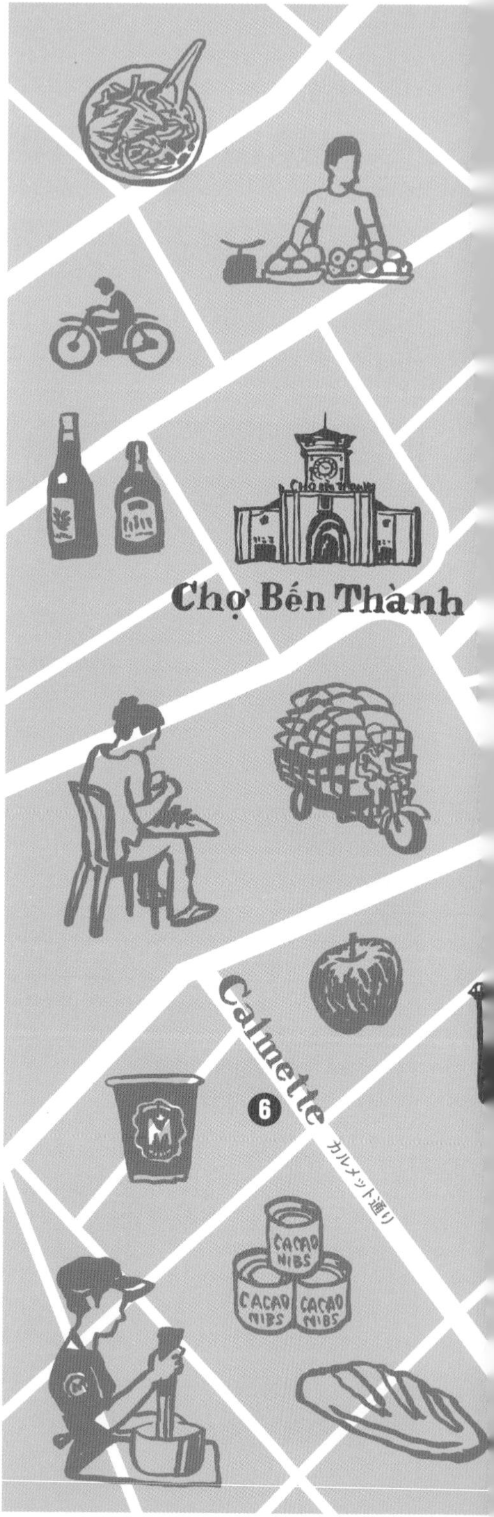

Chợ Bến Thành
Calmette
6
カルメット通り
CACAO NIBS
CACAO NIBS
CACAO NIBS

Tôn Thất Thiệp
トンタットティエップ通り
Takashimaya
高
Bitexco
Financial
Tower
Pasteur
パスター通り
HOTEL
Tôn Thất Đạm
トンタッダム通り
Hàm Nghi
ハムギ通り
Bảo Tàng Mỹ
Thuật Thành
Phố Hồ Chí Minh
Phó Đức Chính
フォードゥックチン通り
HẺM 69
Rạch Bến Nghé
ベンゲー川
1
2
3
4
5
a
b
c
d
e

使える、楽しい、コンビニ

急に必要になった日用品をサッと買いに走る。コンビニが便利に使える存在なのは自明のことですが、そもそもコンビニは、すごく楽しい。日本と同じようなものがあり、全然違うものがあり、店によって品揃えがそうとう異なる。じつは、駆け込みのおみやげ探しスポットとしても、打ってつけなのです。

おなじみのセブン-イレブン、ファミリーマート、ミニストップから、東南アジアに多いサークルKやローカル系など、市内だけでもさまざまな種類のコンビニが点在しています。

日本と同じお菓子、同じに見えてちょっと具材の違うおにぎり、見たことのないデザートやフルーツ……
日本のコンビニとの共通点や相違点をいちいち見つけては、いちいち楽しい。

Đường Phạm Ngũ Lão

ファングーラオ通り周辺

アジアのなかでも有数のバックパッカーエリア。安くておいしい店や朝早くから夜遅くまで営業している店も多く、とても活気があります。旅行者には便利な繁華街です。

CƠM TẤM NGUYỄN VĂN CỪ コムタム グエンヤンクー

コムタムいろいろのせ

Cơm Tấm Sườn + Bì + Chả + Trứng + Xíu Mại

Cơm Tấm Sườn + Bì + Chả + Trứng + Xíu Mại 160,000đ

1

2

CƠM TẤM NGUYỄN VĂN CỪ

コム タム グエン ヤン クー

MAP	P.110 ❶
住所	74 Nguyễn Văn Cừ, Q.1
電話	028 6680 7474
営業時間	7:00〜15:00

1 豚のリブロース焼き、スライス豚皮と豚肉の炒り米粉あえ、蒸し卵、目玉焼き、シウマイのせ。
2 数種類あるスープのなかでおすすめは肉詰めゴーヤのスープ（Canh Khổ Qua）。

ADACHI

私は好きな具材をとにかく全部のせる派（笑）。具材の下に忍ばせてくれるトマトソースがまたおいしいこと。これは本来はシウマイ用のソースなのですが、シウマイを注文しなくても必ずちょっぴりつけてくれるのです。真似をして、私の店のコムディア（のっけごはん）にも、トマトソースが隠れています。

ITO

ホーチミンに住んでいたときは週に3回通っていたほど。コムタムとは、脱穀する際に割れてしまう米のこと。いわばB品ですが、さらりとした喉ごしでおかずともよく絡むので“砕米”としての価値が認められ、すっかり定着しました。ベトナム人は、白いごはんはきちんとした食事に食べるものと考えていて、朝にはあまり食べません。でもコムタムはどうやら麺やお粥、おこわなどと同列の、軽食としての扱いのよう。朝食の定番です。そしてコムタムに合わせるおかずというのは決まっていて、代表的なのが豚のリブロース焼き。店頭で炭火焼きしている肉のぶ厚さに注目必至です。肉は驚くほどのやわらかさで、甘辛く漬け込まれた味も（週3で通うほど！）クセになります。

Phở Bò Kho
74,000đ

1

PHỞ QUỲNH フォー クイン

ビーフシチューのフォー

Phở Bò Kho

ITO

フォーはベトナムの国民食のごとく日本では紹介されているけれど、じつは北部生まれの料理で、南部ではそれほど頻繁に食べられていません。北のフォーがシンプルなのに対して、南のフォーは南部人好みの甘みのあるスープ。もやしやハーブをたっぷりあえるのも、南ならではのフォーの食べ方です。このビーフシチューもまた、しっかりコクのあるスパイシーな風味が南部風。北でも食べられる料理ながら、南ならではのビーフシチューやフォーをお試しあれ。

SUZUKI

ベトナムではめずらしい24時間営業のフォー専門店。交差点の角にある店なので入りやすく、外の席に座ると活気ある街の様子を直に感じながら食事できて楽しい。バイクやシクロがたくさん行き来したり、天秤棒でおやつを売るおばちゃんが来たり。

ADACHI

ビーフシチューに麺を合わせるのは日本人にはなかなか発想しにくいけれど、カレーうどんのようだと考えればわかりやすい。コクのあるこってりしたスープに麺が絡みます。パンの追加オーダーも可。南部の牛フォー屋にはたいていパンの用意があります。

2

1 ビーフシチューのフォーは日本ではなじみがないが、じつはフォーのなかの定番メニュー。パンにも合う。
2 牛肉2種（煮込み＆半生）のせフォー（Phở Bò Tái Chín）に生卵をオプションして、つけ麺風に。

PHỞ QUỲNH フォー クイン

MAP	P.110 ❷
住所	323 Phạm Ngũ Lão, Q.1
電話	028 3836 8515
営業時間	24時間

MINH ĐỨC ミン ドゥック

雷魚のカインチュア（雷魚の酸っぱいスープ）
Canh Chua Cá Lóc
雷魚の煮つけ
Cá Lóc Kho

MINH ĐỨC ミン ドゥック

MAP	P.110 ❸
住所	35 Tôn Thất Tùng, Q.1
電話	028 3839 2240
営業時間	10:00〜22:00

1 トマト、パイナップル、オクラ、はすいも、もやし、それにハーブ類。具だくさんで彩り豊か。
2 店頭のショーケースで好きなおかずを指差して。いろいろ食べても予算は1人あたり500〜1,000円程度。
3 ヌックマムとカラメルで甘辛く煮た、雷魚の煮つけ。日本の家庭料理を彷彿とさせるひと品。

1

2

予算1人あたり 100,000~200,000đ

SUZUKI

南部のおふくろの味、カインチュアはぜひとも試してみて。タマリンドを使った甘酸っぱいスープは、ハマる人はハマる味。おひとりさまならおかずとごはんを盛り合わせてワンプレートで出してくれる、大衆食堂の臨機応変さも好きです。近所にあったら毎日通いたいくらい。

お客さんが思い思いに好きなものを食べていて、周囲のテーブルを見ているだけでも楽しい気分になります。コムビンザン（大衆食堂）では、最初こそおかずをつまみにビールを飲むけれど、ひとたびごはんをよそうと、おかずとして食べて、ごはんにかけて食べて、スープとして飲んで……と、ビールを飲むのも忘れてしまう。それほどにおいしいのです。通りを挟んだ向かいにはテイクアウトの惣菜コーナーがあり、小魚の甘辛煮（Cá Cơm Kho）がこれまたお酒に合わせると最高！　おみやげにぜひ。

3

いま惣菜屋の場所が以前は店でした。あまりにもお客さんが来るようになったので通りの向かいに場所借りして客席を確保。料理ができると店員がお盆にのせ、行き交うバイクの波を縫って通りを渡って運んでくる光景が見られました。名物は甘酸っぱいスープの雷魚のカインチュアと、ヌックマムとカラメルで甘辛く煮つけた雷魚。ベトナムの家庭ではかつて、雷魚が手に入ると頭や尾はカインチュアに、身は煮つけにして一緒に食卓に並べたものでした。その名残りで、店でもふたつの料理を一緒に食べるお客さんを見かけます。

XÔI CHÈ BÙI THÌ XUÂN ソイ チェー ブイ ティー スアン

鶏ももの せおこわ Xôi Đùi Gà
ミックスチェー Chè Thập Cẩm

留学していたころの住居からすぐだったので、本当によく通ったものです。いまは、向かいのCO.OPMARTへ買い出しに行く前にここに寄るのが通例です。リニューアルして当時の面影はなくなりましたが、なつかしい味は健在。プリンもおいしいですよ〜。

1

1 揚げたあとに煮絡めて仕上げた甘じょっぱい鶏もも肉（Gà Rôti）にかぶりつく幸せ。
2 チェーに入っているココナッツミルクは缶ではなく、フレッシュな手搾り。ベトナムでは手搾りが多い。
3 チェーは上から食べてはダメ！ しっかり混ぜないとせっかくのおいしさが半減してしまう。

XÔI CHÈ BÙI THỊ XUÂN
ソイ チェー ブイ ティー スアン

MAP | P.110 ❹
住所 | 111 Bùi Thị Xuân, Q.1
電話 | 028 3833 2748
営業時間 | 7:00〜22:00

Chè Thập Cẩm
15,000đ

2

3

ITO

1977年創業の、しょっぱいおやつ、甘いおやつの両方が楽しめる店。鶏もものせおこわは大人気の定番メニューです。下味をつけた鶏肉を揚げたあと、さらにタレのなかで甘辛く煮絡めてあるから、味がしっかりと染みてあとを引くおいしさ。チェーのなかでは、緑豆あん、小豆、白花豆、でんぷんのくずきり、ココナッツミルクが入ったミックスチェーをぜひ。食べるときは、見た目が悪くなるくらいまでグチャグチャに混ぜて。こうすることで食感や風味が混じり合い、味わい深くなるのです。

ADACHI

ホーチミンでのしょっぱいおやつ暫定1位の鶏もものせおこわ。カリカリのもも肉にかぶりつくのが何しろ最高。おこわはもちろん、揚げねぎ、なますまでしっかりおいしい。しょっぱい、甘いのスパイラルに陥って、このあとチェーをいただくという流れです（笑）。

1

Ốc Tỏi
Xào Sa Tế
100,000 +
5,000đ

ỐC ĐÀO オック ダオ

オックトイのサテー炒め＋フランスパン
Ốc Tỏi Xào Sa Tế + Bánh Mì

現地のベトナム人におすすめの貝屋を尋ねると、必ずと言っていいほどこの店の名が挙がります。いつ行っても地元民で激混みなのでちょっと臆してしまうかもしれませんが、写真入りのメニューもあるから大丈夫。まず食べたい貝を選んで、炒め、焼き、蒸しから好みの調理法を選びます。焼きはピーナッツとねぎ油、クリームチーズなどから選べます。貝にクリームチーズ？と不思議な組み合わせに感じますが、意外にクセになるおいしさ。なかでも私が絶対におすすめしたいのは、レモングラスとチリオイルのサテー炒め。このソースが絶品なので、パンを頼んで、つけて食べてみて。ビールを飲むなら、最近流行りのタイガービールのクリスタルはいかがでしょう。

少々わかりづらい場所にある店ながら、いつもお客さんで溢れ返っている繁盛店。活気のあるローカルな雰囲気に圧倒されます。店に入るとまず目に飛び込んでくるのが焼き場。さまざまな貝をはじめとするシーフードが山盛りになっており、お兄さんが豪快に焼いています。いかにもベトナムらしい飲食店の形態のひとつです。

2

1 オックトイはフォトジェニックな巻き貝。和名はワダチウラシマ。
2 上から、ほたてのクリームチーズ焼き（Sò Điệp Nướng Phomai）、マテ貝にんにく炒め（Ốc Móng Tay Xào Tỏi）、はまぐりのレモングラス蒸し（Nghêu Hấp Xả）、焼きムラサキ貝ねぎ油のせ（Chem Chép Nướng Mỡ Hành）。

ỐC ĐÀO オック ダオ

MAP | P.110 ❺
住所 | 212B/C79 NguyễnTrãi, Q.1
電話 | 090 943 7033
営業時間 | 11:00〜22:00

BỘT CHIÊN ĐẠT THÀNH ボッ チン ダット タン

ボッチン（卵とじ揚げ焼き餅）

Bột Chiên

1

Bột Chiên
30,000đ

ADACHI

ボッチンって、子どものときの友だちのあだ名みたいでかわいいですよね。屋台でもよく見かけますが、丸い大きな鉄板で焼いているのを見ているだけでも楽しい。角切り餅をカリカリに焼いて卵でとじたのを、千切りのパパイヤと甘酸っぱいタレで食べる。私にとっては、好きなものが大集合したような食べ物。おやつなんだけど、やっぱり、私はどうしたってビールが欲しくなってしまいます（笑）。餅の代わりにマカロニでつくるヌイチン（Nui Chiên）も大好物。やっぱりあだ名みたいな名前です（笑）。

1 ボッチンは南部の代表的なローカルフードのひとつ。本来は屋台で売られていることが多い。

2 生春巻きのルーツといわれる華人風春巻き（Bò Bía）。干しアミ、腸詰め、ピーナッツ、レタス、蒸したクズイモ入り。

BỘT CHIÊN ĐẠT THÀNH

ボッ チン ダット タン

MAP	P.110 ❻
住所	277 Võ Văn Tần, Q.3
電話	028 3833 4980
営業時間	14:00〜23:00

ITO

1996年に初めてホーチミンを訪れたときの最初の食事が、街角で売られていたこのボッチンでした。10年ほど前まではこの通りにはたくさんのボッチン屋が集まっていたのですが、いま残っているのはわずか。なぜこの通りに集中していたのかというと、この界隈には昔から多くの華人が住んでいたから。というのもボッチンは中国のだいこん餅がルーツで、余っただいこん餅を卵とじにする料理を華人がベトナムに持ち込んだのです。ベトナムではだいこんを入れず、米粉の餅でつくるように変化しました。

TÔ CHÂU トーチャウ

豚皮とココナッツミルクソースのあえ麺
Bánh Tằm Bì

手前からあえ麺、緑豆とひき肉入りだんご、ココナッツミルク風味練り餅、豚皮入り生春巻き。もちもち、プルプル。

TÔ CHÂU トーチャウ

MAP | P.110 ⑦
住所 | 271 Nguyễn Trãi, Q.1
電話 | 028 3837 5379
営業時間 | 7:00〜21:00

ITO

豚皮とココナッツミルクソースのあえ麺はメコンデルタの名物料理。米粉を練った生地に、炒り米粉をまぶした豚皮と茹で豚、なます、ねぎ油を加え、ココナッツソースとヌックマムのタレをかけ、あえて食べます。生地は、その色と形が蚕（con tằm）を連想させるため、同じ名前がつきました。両端が細い特徴的な形は、昔ながらの手びねりでつくられていることを示唆しています。伝統的なスタイルで、太さもちょうど私好み。炒り米粉の香ばしい風味と甘い香りでクリーミーなココナッツミルク、甘酸っぱいタレの味と濃厚なココナッツミルクソースと、相反する組み合わせが味わいを深くさせます。

CHỢ THÁI BÌNH タイビン市場

ベトナムプリン
Bánh Flan

買い物休憩がてら、おやつタイムを楽しんで。

屋外売場を歩けばプリン屋さんはすぐ見つかるはず。

1

よく立ち寄るのはプリン屋とライスペーパー専門店！

CHỢ THÁI BÌNH タイビン市場

MAP | P.110 ❽
住所 | 232 Cống Quỳnh, P.Phạm Ngũ Lão, Q.1 (タイビン市場内)
営業時間 | 7:00～18:00

1 しっかりかためでなつかしさのある寒天、ラウカウ（Rau Câu）。パンダンリーフを使ったおやつはとても南国的。
2 プリンは屋台にもコンビニにもレストランにもある。南部ではクラッシュアイスとコーヒーがかかっていることが多い。

2

BÁNH MÌ, BÁNH MÌ, BÁNH MÌ!!

ホーチミンの三強バインミー

いろんな味と食感で口のなかがカオスになることこそが、バインミーの醍醐味！ ホーチミンのベスト3でぜひ堪能してください。いずれもテイクアウトのみですが、ベトナムではカフェへの持ち込みOK。

全部入りバインミー

Bánh Mì Đầy Đủ

Bánh Mì Đầy Đủ 42,000đ

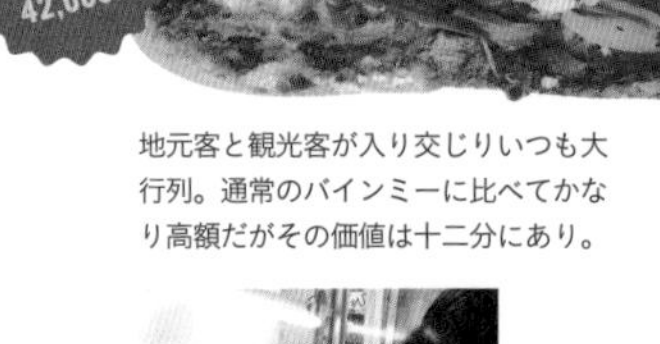

地元客と観光客が入り交じりいつも大行列。通常のバインミーに比べてかなり高額だがその価値は十二分にあり。

BÁNH MÌ HUỲNH HOA

バイン ミー フィン ホア

MAP	**P.110** ⑨
住所	26 Lê Thị Riêng, Q.1
営業時間	15:00〜23:00

超絶いち推しは全部入りバインミー。レバーパテをホイップするひと手間で口どけのよさが格段にアップ。これだけでおなかいっぱいになるボリュームです。ニョロニョロは、さつま揚げバインミーのニュースタイル。この形にすることでさつま揚げの外側のカリカリ＝おいしい部分が多くなるわけで、しかも食べやすくなるのです。豚つくねでいちばん感動したのは、茶碗の高台でつくねをつくるところ。いちいち計らなくても同じサイズにできるとは！臨機応変なベトナムの人たちのこういう発想に感動します。

ADACHI

定番具材がたっぷり入った、味のバランスが抜群な全部入り。クリスピーなさつま揚げときゅうりの食感、甘酸っぱいなますにパクチーとチリのアクセントが加わったやみつきの味のニョロニョロ。つくねは、それだけテイクアウトしてごはんと食べたいほど！

SUZUKI

魚のニョロニョロすり身揚げバインミー
Bánh Mì Chả Cá Nóng

普段はその痕跡さえないが、営業時間になると屋台が忽然と現れる。でき上がりまでの工程を見るのも楽しい。

BÁNH MÌ CHẢ CÁ NÓNG
バイン ミー チャー カー ノン

MAP | **P.110 ⑩**
住所 | 77 Bùi Thị Xuân, Q.1（屋台）
営業時間 | 14:00〜21:00

手づくり豚つくねのバインミー
Bánh Mì Thịt Nướng

炭火で焼くつくねの煙に誘われて、店頭でついつい道をふさいでぼさっと立っていると怒られる。並ぶ際には注意を。

BÁNH MÌ 37 バイン ミー 37

MAP | **P.110 ⑪**
住所 | 37 Nguyễn Trãi, Q.1（屋台）
営業時間 | 16:00〜21:00

ITO

屋台時代から長蛇の列だったHUỲNH HOAは、いまでは店舗を構える実力派。魚のニョロニョロは、大掛かりな装置からむにゅ〜っとすり身を搾り出して揚げ油に投入する様子をぜひ見てほしい。豚つくねにはこってりした甘辛ソースがよく合います。

Đường Phạm Ngũ Lão

ファングーラオ通り周辺

ⓐ CƠM XÍU
No Frozen Foodsを謳う、センスのいい香港料理。106A Lê Thị Riêng, Q.1 028 3925 2648 11:00〜21:30

ⓑ CO.OPMART CỐNG QUỲNH
スーパーはばらまきみやげ探しが楽しい。
189C Cống Quỳnh, Q.1
028 3832 523
7:30〜22:00

ⓒ DÌN KÝ
陶壺で炊いたごはん（Cơm Thố）がおいしいレストラン。
137C Nguyễn Trãi, Q.1 1900 636 025 24時間

ⓓ BACKPACKER STREET（PHỐ TÂY BA-LÔ）
東南アジアを旅するバックパッカーの拠点。飲食店やツアー会社がひしめき賑やか！ Đường Phạm Ngũ Lão

ⓔ HỦ TIẾU NAM VANG QUỲNH
ホーチミンで最も有名な南部フーティウの専門店。A65 Nguyễn Trãi, Q.1
028 3836 9145
24時間

Cách Mạng Tháng Tám
8月革命通り
Chợ Bến Thành
PHỞ BÒ
MENU
Phạm Ngũ Lão
ファングーラオ通り
Chợ Dân Sinh
CHỢ DÂN SINH
Cống Quỳnh
コンクイン通り
Trần Hưng Đạo
チャンフンダオ通り
Rạch Bến Nghé
ベンゲー川
1
2
3
4
5
6
7
8
9
10
11
a
b
c
d
e

The Column by Yumiko ADACHI

色の洪水、ドーボーの柄on柄

ベトナムの市場に行くとパッと目に飛び込んでくる色の洪水。カラフルの正体は野菜や果物だけではない、それはおばちゃんの柄on柄であった。その名は“ドーボー”。ベトナムのパジャマというか普段着というか作業着というか、とにかくおばちゃんを中心にベトナム女性に支持されている派手なセットアップです。本来は上下同じ柄なのですが、上下別々の柄をかっこよく着こなしているおばちゃんが非常に多い。これを柄on柄と勝手に名づけて研究・観察しています。

花柄×花柄、幾何学×花柄、ストライプ×花柄、同系色系、反対色系など、じつに多彩なコーディネート！　タイビン市場周辺に出没率高し。

街の喧騒を離れ、2区へ

ホーチミンの中心部から、サイゴン川を渡って北東へ。
車で20分ほどの距離にある2区の、
ちょっぴりスノッブでおしゃれなタオディエン地区へのショートトリップはいかが？

お気に入りスポット6選！

ALBETTA

イギリスの子ども服ブランドの店。かわいいぬいぐるみやおもちゃ、雑貨が豊富。

住所 | 32 Trần Ngọc Diện, P.Thảo Điền, Q.2 (THE SNAP CAFEエリア内)
電話 | 028 3742 2031/32/33

LEGUMES

砂糖や卵不使用のパウンドケーキのなかでも、バナナケーキと、ズッキーニとチョコレートのケーキはマストバイ。

住所 | 40 Nguyễn Cừ, P. Thảo Điền, Q.2
電話 | 088 899 1331

QUÁN BỤI GARDEN

QUÁN BỤI BISTRO（P.42）の姉妹店。緑の生い茂る中庭の雰囲気がよく、小さなキッズスペースがあるのも高ポイント。

住所 | 55A Ngô Quang Huy, P.Thảo Điền, Q.2
電話 | 028 3898 9088

ホーチミンに滞在しているときは必ず行くほど、2区は大好き。新興住宅地でファミリー層が多く住んでいることもあって、子どもを遊ばせるところに事欠かず、子連れの私にとってはとてもありがたい存在でもあります。

滞在しているホテルからタクシーでいちばん行きたい目的地まで行き、そこを始点にお目当てのショップを歩いて巡ります。新興地区のため店の入れ替わりが激しく、訪れるたびに何かしら新しい店ができているから、それらをチェックするには散策するのが最適なのです（格安のフェリーも1区から出ていますが、船着場がメインの通りから離れているので私はあまり利用したことはありません）。

ローカルな市場で売っているちょっぴり雑な子ども服も好きだけれど、洗練されたおしゃれな子ども服がたくさんあるこちらもやっぱりはずせない。新しいもの、すてきなものをいつも探している私にとって、2区の存在価値は大きいのです。

THE SNAP CAFE

敷地に入ると雑貨や服などの店がいろいろ。奥の開放的なスペースには砂場や遊具があり、親は子どもを見守りながら食事やお茶を楽しめます。

住所 | 32 Trần Ngọc Diện, P.Thảo Điền, Q.2
電話 | 028 3519 4532

THE FACTORY CONTEMPORARY ARTS CENTRE

若いアーティストの作品が展示されている現代美術館。刺激を受けに！

住所 | 15 Nguyễn Ư Dĩ, P.Thảo Điền, Q.2
電話 | 028 3744 2589

HUM VEGETARIAN GARDEN & RESTAURANT

系列のLOUNGE & RESTAURANT（P.54）とメニューはほぼ同じながら、まったく趣の異なる空間。

住所 | 32 Đường Số 10, P. Thảo Điền, Q.2
電話 | 028 3519 0109

Yumiko ADACHI

Shinobu ITO

Masumi SUZUKI

Chợ Lớn, Q.5-6

華人の街、チョロンへ

ホーチミン中心部から南西へしばらく行くと、街並みに中国語の看板が見えてきます。
目的地はチャイナタウンのチョロン。
やっぱり、どうしたって、食べ歩きと買い物が楽しいエリアです。

伊藤：チョロンといえばビンタイ市場だけど、普段、どういうふうに使っている？

鈴木：私は店の買いつけ。

足立：ここは卸売市場だから安価だけれど、商品をひとつだけ欲しいというのは難しいこともあるのよね。

鈴木：1個だけ欲しいって言うと、めちゃ怒られるし（笑）。

足立：先日もソースの容器を買おうとしたら、600個からだということで無理でした（笑）。だから逆に、ばらまきみやげなんかにはいいよね。小袋に入っているクッキー1kg！とか。

鈴木：私も、子どもの同級生へのおみやげにキーホルダーをまとめ買いしたりしてるよ。

市場は一期一会

伊藤：ビンタイ市場ではどんなものを買う？

鈴木：もちろん、料理道具や調理道具。

伊藤：それは基本だね。ほかには？

足立：私は資材のなかでも梱包用品が多いかな。

伊藤：私は料理教室で使うソンベー焼きを買うことも多い。10枚単位で買わなくちゃだけど、1枚100円もしないくらいで、生徒さんとシェアしたりも。ソンベー焼きの専門店は1軒しかないけれど、いろんな店先にちょこちょこと出ているので、チェックするとおもしろいの。

足立：一期一会だからねー。

鈴木：出会ったときに、その子を連れていくか、どうするか！

伊藤：市場ってそうだよね。いつも定番商品ばかりってわけではなくて、行くたびに何かしら目新しいものが見つかる。

鈴木：定番ものでも、進化するアイテムもあるよね。

伊藤：ベトナムの人たちが店で使うようなものが売っているから、そういうものは探しやすい。

足立：飲食店でいいなと思った備品があったら、ここに来れば見つかるかもってことね。

伊藤：調理道具ばかりを売っているイメージが強いけど、じつは干しえび、干し貝柱、フカヒレ、つばめの巣など、チョロンらしい食材も揃ってる。

鈴木：お菓子とか加工食品、輸入食材の店もあるんだよね。

伊藤：でも大量でないと売ってもらえないからさ（笑）。

上級者の裏技

足立：市場は通路が狭いよね。

鈴木：しかも昼どきは、ごはんやドリンク、甘味をトレーで運んでいる人がいたりして。

足立：でも、その運んでいる飲

み物は買える場合が多い。

鈴木：飲み物売りが来たら、その場で休憩しちゃえばいいんだよね。旅行者は、まさか運んでいるそれを買えるとは思わないから。でも、同じものを何個か持っている人がいたら、それは売っている。

足立：小さいチェーとか。弁当は配達の場合があるけど、飲み物やデザート類は売っていることが多い。

伊藤：とにかく暑いから、市場で買い物していると大汗をかいちゃう。ヘロヘロになるから、無理をしないで、休憩を挟むといいと思う。市場の脇にあるTRUNG NGUYÊN LEGEND CAFÉ（P.120）で涼んで、トイレに行って、また市場へ戻るのがおすすめ。

足立：あそこは冷房が効いているもんね〜。

鈴木：ルートとしては、CHỊ TƯ（P.120）の前で車を降りて、買い物用の大きいプラかごを買って、まずカフェで休憩。それから市場に乗り込む。

伊藤：プラかごはやっぱりCHỊ TƯが品揃え豊富でいい。日本人にも慣れていて、値段も日本語で通じるし。かごもほんとに一期一会だから、見て気に入ったときに手に入れておかないと。

足立：色や形ごとに陳列しているわけではないから、見つけるのが楽しい人には楽しい。そういうのがしんどい人にはしんどいけど（笑）。

鈴木：奥にも部屋があって、埃を被ったのから探し出すっていう楽しみもあるよね。

伊藤：手が真っ黒になるけども（笑）。

鈴木：ここでウエットティッシュ（P.36）は欲しい（笑）。

足立：文房具問屋（P.120）は飾りもの系が豊富で、包装紙なんかを1枚単位で買うことはできないんだけど、シーズンによってはお年玉袋があったりして楽しい。

伊藤：いろんな専門店があって

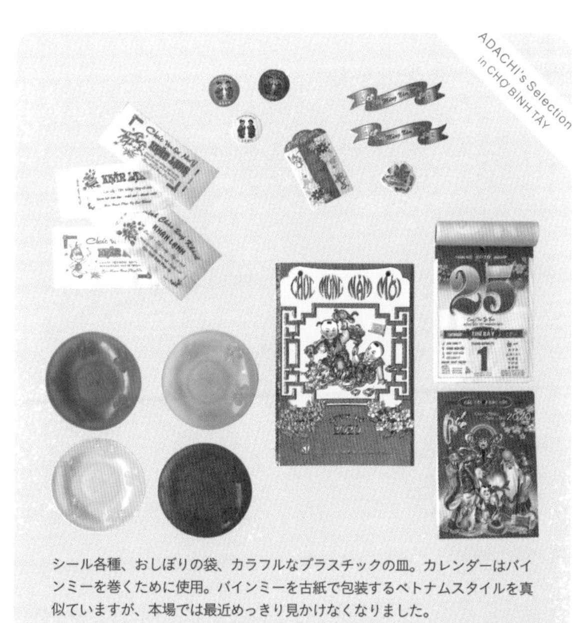

シール各種、おしぼりの袋、カラフルなプラスチックの皿。カレンダーはバインミーを巻くために使用。バインミーを古紙で包装するベトナムスタイルを真似ていますが、本場では最近めっきり見かけなくなりました。

おもしろい。ビニール紐とか、プラスチック製品とか。

足立：でも道を一本入ると、近くに中学校がある影響だと思うけど、ノートや筆記用具など学生が使うようなものが売っていて。放課後の時間帯はおやつ売りもたくさん出ていてね。私はここに来るとついつい大量に買い物しちゃうんだけど、ドンコイエリアのダンボール店（P.34）に持ち込んで梱包してもらえば持ち帰りやすい。車をチャーターしていれば、チョロンからそのまま梱包しにいけちゃうという。

鈴木：意外に知らない人が多い技だよね。

伊藤：大物を買っても、そういうふうにして持ち帰りができる。ベトナムのプラ椅子(P.78)に惚れちゃった人は、このエリアで買えますよね。

さじ類、あみお玉、ソンベー焼き。アルミざるは昨今はどんどん市場から消えてきているので、見つけるたびに買っています。切った野菜の断面が波状になるなみなみ包丁は、なますなどに。

界隈のおすすめスポット

伊藤：チョロンでランチをするなら、海南島出身のオーナーの老舗、CƠM GÀ ĐÔNG NGUYÊN（東源鶏飯）（P.120）をおすすめします。名物のチキンライスはもちろん、おかず各種、麻婆豆腐や薬膳系蒸しスープもとってもおいしいんですよ。ピークの時間帯を避けて13:00くらいに行ったあと、QUÁN CHÈ HÀ KÝ（何記甜品店）（P.120）にチェーを食べにいくのが私の定番。

足立：CHÙA BÀ THIÊN HẬU（天后宮）（P.120）は、タイルもかわいいんだよね。

伊藤：媽祖(まそ)（航海の神さま）を祀っている。チョロンにはお寺がいっぱいあるけど、ここが特に有名です。

足立：ぜひ渦巻きのお線香を買って吊るしてみて。大きいものだと何週間も燃え続けるそう。

想定外上等の旅

伊藤：この本は、中心部は食べ“歩き”できるような設定にしているけれど、2区とチョロン

縁に具材が置けるから卓上が広く使える鍋。どんどん進化するライスペーパー戻し。お皿を彩るフラミンゴのピック。キッチンツールのおもちゃは子どもたちに。手づくりのパクチーウエハースは毎回必ず買っています。

に関してはチャーターがおすすめ。立ち寄りスポットが点在していて見つけにくいし、歩いてまわるには距離があるし、荷物も増えるし。ガイドをつけるとなおさらいいと思う。スムーズにスケジュールを組んでもらえるからね。

鈴木：ただでさえ暑いうえに、市場歩きはものすごくエネルギーを使う。だからまずは目的のものを買って、余裕があったら車を流してちょっと街を見てみるっていうのがいいんじゃないかな。チョロンへ行くなら半日みておくといいと思う。

足立：朝食後、ちょっとゆっくりしてからチョロンへ出かけて、市場をまわって、昼食を食べて、夕方前には中心部に戻ってくるようなイメージ。

伊藤：初心者がいきなり自力で行くのはちょっと大変だしね。

足立：だいたいまず、ビンタイ市場で迷子になるから。

伊藤：市場の物量や活気に圧倒されて疲れて帰ってきちゃうみたいな人もけっこういて。大人だから、ちょっと休憩を入れながら、スマートにね。

足立：旅は予定どおりにいかないことが前提。でも、予想外が楽しいこともある。大枠を決めておいて、そのなかで予想外があるのがおもしろいんじゃないかな？

伊藤：中心部はほとんど歩いてまわることができる代わりに、予算をかけてちょっと遠出するのもいいよね。

足立：違う楽しみ方ができる。メリハリです！

Chợ Lớn, Q.5–6

チョロン（5区・6区）

a CHỢ BÌNH TÂY（ビンタイ市場）
調理道具はじめ食品も豊富。安価な分、大量買い上等の卸売市場。
57A Tháp Mười, Q.6
6:00〜19:00

b CHỊ TƯ
奥の部屋も要チェック、種類豊富なプラかご屋。21 Lê Quang Sung, Q.5
028 3855 1670
6:00〜18:00

c 文房具問屋通り
大通りの両側に立ち並ぶ文房具の卸問屋。アイテムごとの専門店がニッチなニーズに応える。Hải Thượng Lãn Ông, Q.5

d TRUNG NGUYÊN LEGEND CAFÉ
市場での買い物の際、休憩拠点におすすめ。
47 Lê Tân Kế, Q.6 028 2253 8685 6:30〜22:00

e CƠM GÀ ĐÔNG NGUYÊN（東源鶏飯）
お昼ごはんは創業80年超の老舗で。
801 Nguyễn Trãi, Q.5
028 3855 7662
9:00〜20:30

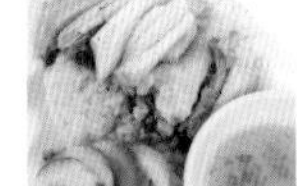

f QUÁN CHÈ HÀ KÝ（何記甜品店）
華人系チェー屋でおやつ。
138 Châu Văn Liêm, Q.5
028 3856 7039
10:00〜23:30

g CHÙA BÀ THIÊN HẬU（天后宮）
吊り下がったお線香も床のタイルもかわいいフォトジェニックなお寺。
710 Nguyễn Trãi, Q.5
8:00〜16:30

Nhà Thờ Cha Tam

Bến Xe Chợ Lớn

Tháp Mười タップムオイ通り

Chợ Bình Tây

VẢI 布 FABRICS

HÀ KÝ
何記
Chùa Bà Thiên Hậu
Hông Bàng ホンバン通り
f
g
Nguyễn Trãi グエンチャイ通り
e
Trần Hưng Đạo チャンフンダオ通り
Hải Thượng Lãn Ông
ハイトゥオンランオン通り
c
Chợ Kim Biên
Kênh Tàu Hũ タウフー運河
囍
BÁCH HÓA
百貨
DEPARTMENT

ベトナムでの食べ歩きを始めてから20年以上が経ちました。ベトナム旅行のガイドブックがまだ少なく、インターネットの情報も乏しかった当初、店選びで最も信頼できたのは現地ベトナム人の口コミ。おいしい料理を出す店はほとんどが人伝てで広まっていて、いつでも満席なのでした。当時のベトナム人の交通手段はほぼバイクでしたから、店の前にバイクがたくさん停まっていればまちがいありません。ときには店の前のバイクの数から繁盛店を見つけてしまうこともあったほど。

そんなふうに観察しながら街を歩いていると、目的地に向かう途中で知らなかった店とも出会うことができます。ベトナムの食べ歩きの魅力は、食のテーマパークにいるかのごとく、狭いエリアのなかにたくさんのおいしいものがひしめき合っているところ。おなかがいっぱいになったら、また少し歩き、胃袋が落ち着いたらデザートを食べて……、甘いものを食べたら、今度はしょっぱいおやつが食べたくなって……、おなかがいっぱいになったら、今度はカフェでのんびりして……。

そうしたら、同じようにベトナムを楽しんでいる足立由美子さんや鈴木珠美さんと知り合いました。食べ歩きにハマった3人は、その後も現地通いを続け、料理留学もしたりして、いつしかみんながベトナム料理を仕事にしてしまったのです。それからかなりの月日が過ぎましたが、3人で食べ歩き談議をすると、いまだにとても盛り上がります。このおいしいベトナム探究は、どうも終わりそうにありません。これからもずっとずっと、続いていくのでしょう。

食べて歩く、これからもずっと

Vietnam Airlines

ベトナム航空で快適な空の旅

ベトナム航空は2019年に日本就航25周年を迎えました。成田、名古屋、大阪、福岡の4都市からホーチミンへの直行便が就航し、現地滞在時間を有効に使える便利な発着時間も魅力です。スカイトラックス社の4つ星を4年連続で獲得、細やかなホスピタリティでお客様をお迎えしています。ベトナムを象徴するロータス（蓮）の花があしらわれた美しいブルーの機体や、民族衣装のアオザイをまとったキャビンクルーによるサービスが、旅への期待を高めてくれます。

4 STAR AIRLINE
SKYTRAX

問い合わせ www.vietnamairlines.com

Inflight Meal

食文化豊かなベトナムにあって、食事のサービスが充実。2018年より世界的に活躍しているベトナム系オーストラリア人シェフ、ルーク・グェン氏がグローバル キュイジーヌ アンバサダーに就任し、機内食に力を入れています。ビジネスクラスでは世界各地の厳選された料理をコースで提供、食材選びから使用する食器に至るまで、細部へのこだわりが。デザートやアルコールの種類も豊富です。朝食に提供される伝統的なベトナム料理、牛肉麺“フォーボー”も人気。

Dessert Plate

Phở Bò

Saigon Sunlight

Premium Economy Class　Economy Class

プレミアムエコノミークラス（左）、エコノミークラス（右）ともに和食または洋食・アジア料理から選べます。事前の予約で特別食にも変更可能。プレミアムエコノミークラスにはウェルカムドリンクのサービスも。

足立由美子（あだち・ゆみこ）

東京・江古田にあるベトナム屋台料理店「Mãimãi」「ECODA HẺM」店主。ベトナム料理では、バインミーとビールに合うつまみ系にめっぽう強い。キッチュでユニークな雑貨を見つける名人でもある。ベトナムの趣深さを精力的に発信中で、次に日本で流行らせようと目論んでいるのはヨーグルトコーヒーとケムボー。著書に『バインミー』（文化出版局）、監修に『バインミー図鑑』（柴田書店）。著者3人をバレーボールチームにたとえると、ポジションはマネージャー。物事をしなやかに受け止める調整役。
hem.ecoda.jp

伊藤 忍（いとう・しのぶ）

ベトナム料理研究家、「ăn cơm」主宰。フードコーディネーターの仕事を経て、2000年からベトナムに滞在。帰国後、2004年からベトナム料理研究家として活動を開始。長年の研究と経験で培われたベトナム料理の知識は非常に豊か。ベトナム関係者のなかで伝説の名著といわれる『ベトナムめし楽食大図鑑』（情報センター出版局）はじめ、著書多数。最新刊は『ベトナムかあさんの味とレシピ』（誠文堂新光社）。著者3人をバレーボールチームにたとえると、ポジションはキャプテン。全体を見渡しプランと対策を練る先導者。
www.vietnamfoodnet.com

鈴木珠美（すずき・ますみ）

東京・西麻布のベトナム料理店「kitchen.」オーナーシェフ。料理留学のためベトナムに滞在した2年間を糧に、帰国後「kitchen.」をオープン。野菜やハーブをたっぷり使ったベトナミーズを提供している。出産後もベトナム通いはとまらず、双子の子どもたちとの「子連れベトナム旅」の知識と経験を順調に蓄積中。著書に『越南勉強帖』（ピエブックス）、『ベトナムおうちごはん』（扶桑社）など。著者3人をバレーボールチームにたとえると、エースアタッカー。新進気鋭のもの、センスのいいものへの鼻が利く。
Instagram: kitchen.nishiazabu

CHÈ cà phê（チェーカフェ）

日本におけるベトナム料理の立役者、足立由美子（中央）、伊藤 忍（右）、鈴木珠美（左）の3人による奇跡のユニット。2006年に結成。年に何度も渡越しているため、経済発展で変化著しいベトナムの20年分のネタの宝庫。『チェーカフェのベトナムおやつ』(情報センター出版局)、『はじめてのベトナム料理』『ベトナム料理は生春巻きだけじゃない』（ともに柴田書店）に続き、3人での共著は本書が4冊目。

おいしい！がとまらない
ベトナム食べ歩きガイド

2020年3月10日　初版第1刷　発行

著　者　足立由美子・伊藤 忍・鈴木珠美
発行人　前田哲次
編集人　谷口博文

アノニマ・スタジオ
〒111-0051
東京都台東区蔵前2-14-14 2F
TEL 03-6699-1064
FAX 03-6699-1070

発行　KTC中央出版
〒111-0051
東京都台東区蔵前2-14-14 2F

印刷・製本
シナノ書籍印刷株式会社

ISBN 978-4-87758-806-9 C2026

デザイン：岩淵まどか（fairground）

撮影：足立由美子・伊藤 忍・鈴木珠美
野村美丘（photopicnic）

イラスト：阿部伸二（karera）

編集：野村美丘（photopicnic）
浅井文子（アノニマ・スタジオ）

取材協力：
ベトナム航空
株式会社ピース・イン・ツアー

Special Thanks：
藤田二朗（photopicnic）
Trần Tân

アノニマ・スタジオは、
風や光のささやきに耳をすまし、
暮らしの中の小さな発見を大切にひろい集め、
日々ささやかなよろこびを見つける人と一緒に
本を作ってゆくスタジオです。
遠くに住む友人から届いた手紙のように、
何度も手にとって読みかえしたくなる本、
その本があるだけで、
自分の部屋があたたかく輝いて思えるような本を。

HÓA ĐƠN BÁN LẺ
ĐƠN VỊ :
Số :
Họ tên người mua hàng :
Đơn vị cơ quan :
Số TT
TÊN HÀNG VÀ QUY CÁCH PHẨM CHẤT
Đơn vị tính
Số lượng
Giá đơn vị
THÀNH TIỀN
CỘNG :
Cộng thành tiền (viết bằng chữ) :
Ngày .... Tháng .... Năm 20......
Người nhận hàng
Đã nhận đủ tiền
Người viết hóa đơn
DATE:....../....../........
KONICA MINOLTA
CÔNG TY TNHH KONICA MINOLTA BUSINESS SOLUTIONS VIỆT NAM
BILL THANH T
BÀN 15
Ngày: 28/09/2019
Mặt hàng
SL
Giá
Thành tiền
318,000
CẢM ƠN QUÝ KHÁCH HẸN GẶP LẠI !
323 Phạm Ngũ Lão
PROPAGANDA
21 Hàn Thuyên, Quận 1, Sài Gòn
Mắm ruốc paste
Canh nghêu rau muống Clams soup
Bánh mì Bì Shredded pork, rice powder bánh mì
Discount 10%
Food
Net Total
Service 5%
Discount
VAT (10%)
Total
USD
Table: P05
Cashier: DIEP
Date: 11/11/19
Sương Nguyet Anh,
Ho Chi Minh, Viet Nam
ĐÃ THANH TOÁN
cashier:
SUB-TOTAL
DISCOUNT
COUPON
Hotline: 1900 98 99 98
Email: booking@satsco.com.vn | Website: www.satsco.com.vn
MST: 0310 422 869
HỢP ĐỒNG VẬN CHUYỂN HÀNH KHÁCH BẰNG Ô TÔ
SATSCO
ĐẠI DIỆN BÊN A
ĐẠI DIỆN BÊN B
NHÂN VIÊN LÁI XE
Phiếu Tính Tiền
PHỞ ROLL PHẠM NGỌC THẠCH
Phạm Ngọc Thạch, Quận 3, HCM
028 35210247
THE OLD C
3rd Floor, 63/11 Pa
HÓA ĐƠN BÁN
29-09-2019 17:40
Cảm ơn quý khách!
Trà sữa Thái đỏ
2,797,410
Thank you! See you soon
ĐÃ THU
Phiếu tính
29/09/2019
SL
Đ.Giá
140,000
200,000
10,000
8,000
498,000
25,000
590,000
92,000
619,500
Sáu trăm mười chín nghìn năm trăm đồng
QUÝ KHÁCH CHỈ THANH TOÁN SỐ TIỀN TRÊN HÓA ĐƠN
HĐ VAT CHỈ XUẤT TRONG NGÀY
Cảm ơn quý khách - Hẹn gặp
Thank you! St